古典落語面白キャラの味わい方

お江戸の面々にみる

「自分らしく」生きるヒント

立川談慶

有隣堂

装画・本文イラスト　川口澄子
カバー・本文デザイン　宮澤来美（睦実舎）

まえがき――人は落語の「どこ」にときめくのか

観客も落語家も、落語の虜《とりこ》になるのはなぜなのでしょうか?

落語はとても悩ましいものです。

受信者であるお客さんは落語の魅力に取りつかれて、通い続けてしまうばかりか、打ち上げにも参加し、追っかけとなります。発信者である落語家にはさらに「コスト」がかかっています。落語の病《やまい》をこじらせ、喋《しゃべ》る側に回りたいと決意し、プロになるための洗礼としての「前座修業」を受け入れてしまうのでありますから。

言葉は悪いかもしれませんが、お客さんも落語家も、まるで落語の奴隷であります。

では、その魂魄《こんぱく》を揺るがす根源は一体何なのでしょうか?

ある人は「落語家それぞれのパーソナルな魅力」と言い、ある人は「それを超越するストーリーだ」と言い、いや、「人生を象徴するセリフだよ」と言う人もいたり、また「落語を伝えるその場の空気感だよ」と言う人がいたりと、千差万別です。

そんな中で、ふと「落語の登場人物にスポットを当ててみたら」と落語マニアの編集者に言われました。

合点《がてん》がいきました。

なるほど、落語家も人なら、落語を構成するキャラクターも架空の設定であるとはいえ、人であります。

落語が成立して約四〇〇年といわれていますが、その間、時代ごとの価値観や常識、社会に対する概念などを、その時代時代を精一杯生きてきた落語家たちが、さまざまな思いを込めて落語の登場人物それぞれを演じてきたからこそ、いまに伝わっているのでしょう。いまがそうだと、かように断言できるということは、同時に未来の落語家たちもそのような決意で落語を語ってゆくはずです。

人から人へ受け継がれるのが伝統芸能の強みであり、それぞれの時代の落語家たちが心血を注ぐことが大衆芸能の真骨頂《しんこっちょう》でもあるのです。

そんな「衝動」のような思いの原点は、やはり「落語の登場人物」ではないでしょうか。

「落語の登場人物」は、そんな時代時代の落語家の「叫び」を乗せ続けてきた、いわば「乗り物」でもあります。

つまり、一つの落語が「旅」ならば、ストーリーは「行程」であり、その行程の友となるのが「落語の登場人物」といったイメージでしょう。古典落語の個性豊かなキャラたちと向き合い、一気呵成《いっきかせい》に取り組んで書いたのがこの本です。

落語の主要な登場人物たちは、「代々演じてきた落語家たちの願いと思い」にあふれていました。

では、さっそく参りましょうか。

次のページを開くと、そこからあなただけの素敵な夢物語ツアーの開始です。

添乗員は私、立川談慶が務めさせていただきます。

快適なインナートリップをとくとお楽しみください。

皆様、それでは間もなく発車致します。出発進行！

古典落語 面白キャラの味わい方 目次

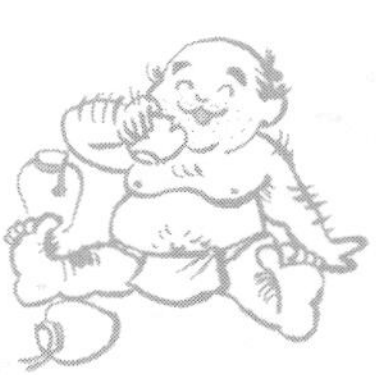

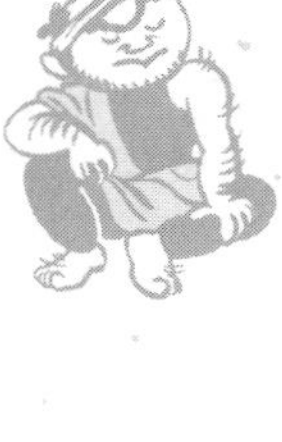

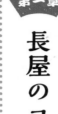

第一章
長屋のコミュニケーション力

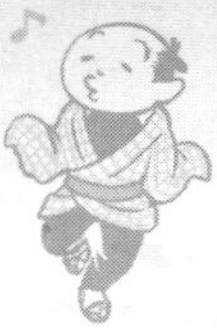

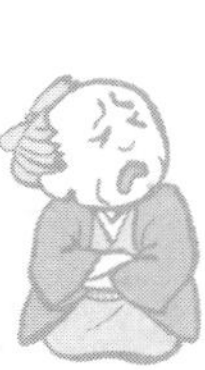

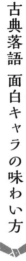

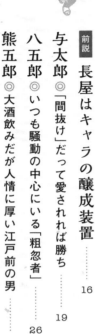

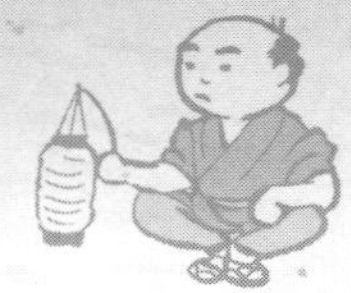
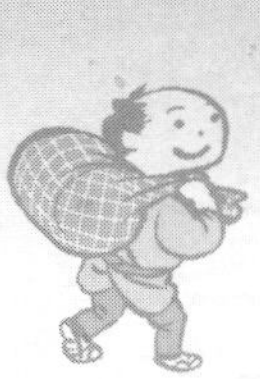
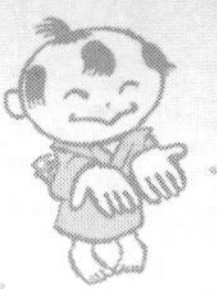

第二章 商家の面々の思惑と計算

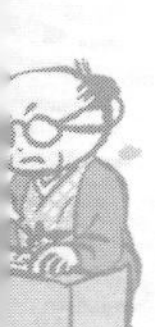
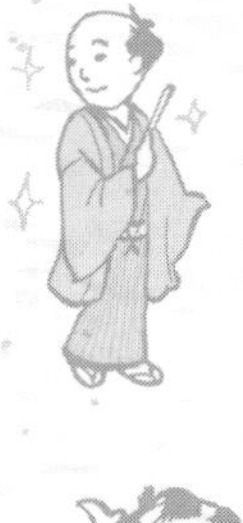
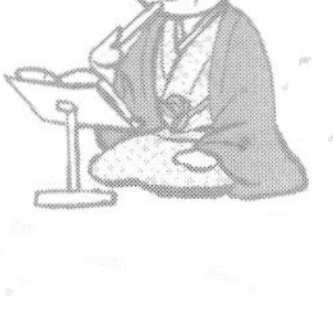
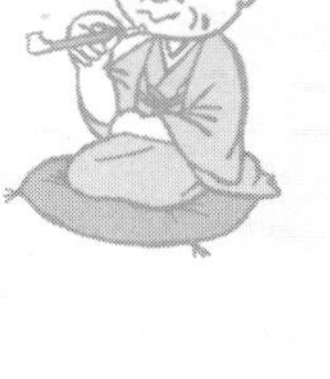
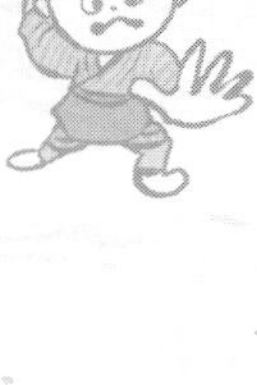
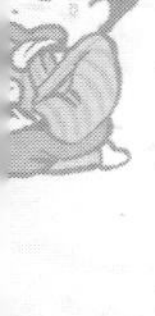

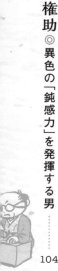

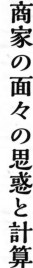

第三章

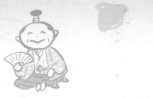

武士の節度と忍耐と

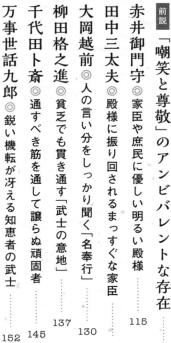

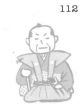

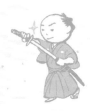

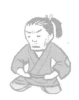

第四章

女性たちのしなやかさと賢さ

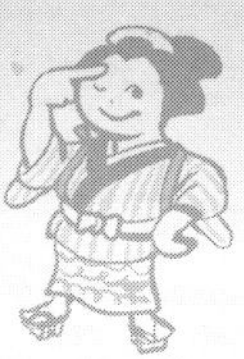
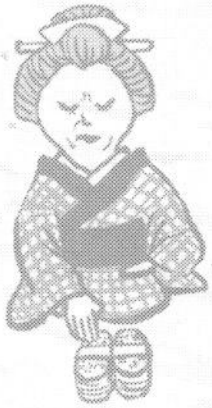
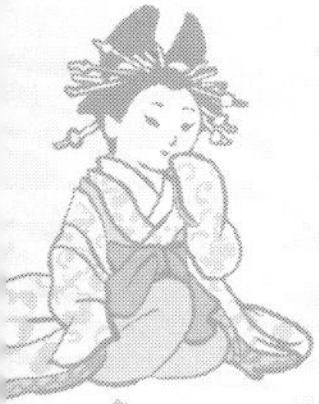
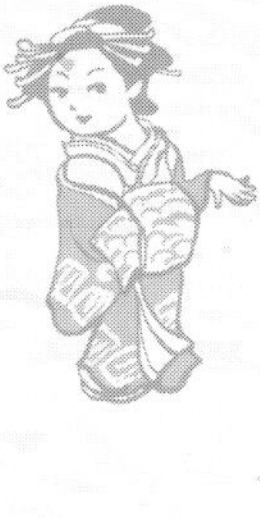
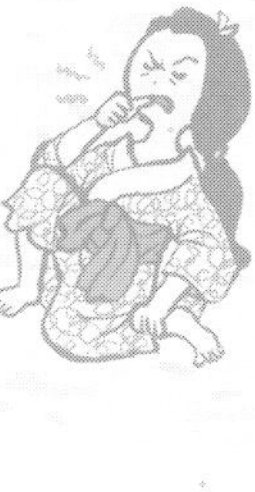
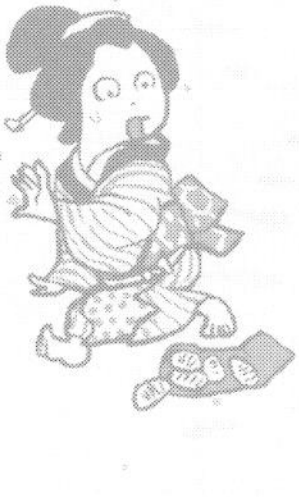

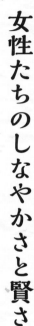

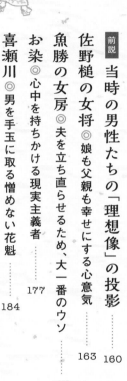

第五章

落語ならではの超強烈キャラ

あなたはどのタイプ？

落語キャラとの相性診断

本書で取り上げたキャラの性格を、大雑把に３ポイントで記しました。□にチェックを入れてください。全部チェックの入った人物の項目は、あなたと似たタイプのキャラです！（※P14の「登場キャラと主な噺」参照）

い

- □ 自分は世間知らずだと思う。
- □ 人の話をよく聞く方だ。
- □ おだやかで心が広い。

ろ

- □ 人にゴマをするのが得意だ。
- □ 無茶なことでも前向きに取り組む。
- □ 何度失敗しても、懲りないタイプ。

は

- □ ダメな人をほっとけない性格だ。
- □ 自分の身近に、成功した人が多い。
- □ 相手のためでも、ウソを隠すのは苦手。

に

- □ 論理的に考えて解決しようとする方だ。
- □ 真逆の意見にも「聞く耳」を持っている。
- □ 会議の最後をまとめるのが得意だ。

ほ

- □ 人の過ちを許せる方だ。
- □ 後輩や部下にやさしく接している。
- □ 全体を見て、細かいことは気にしない。

へ

- □ 面倒見がいい方だと思う。
- □ 人から「ケチ」と言われることがある。
- □ 性格が合わなくても仲間は大切にする。

と

- □ 若いころはチヤホヤされた。
- □ 人知れず死んでいくのは寂しい。
- □ 状況次第で、変わり身が早い。

ち

- □ イヤな人は、顔も見たくない。
- □ 人に無茶な頼みごとをしがちだ。
- □ 自分のことしか考えないタイプだ。

り

□強く言われると「そうかな」と思う。
□子供はかわいくて、大好きだ。
□追いつめられると知恵が出る。

ぬ

□けっこう物知りな方だと思う。
□人にものを教えるのが好きだ。
□一目置かれる存在でありたい。

る

□人より機転が利く方だと思う。
□親や先生の言うことを聞かない方だ。
□ちゃっかり者とよく言われる。

を

□人にどう思われても気にしない。
□工夫などせず、言われたままにやる。
□あれこれ気を回すのは苦手だ。

わ

□コツコツ貯金するのが好き。
□余計なことは人に教えない。
□通帳をつねに携帯している。

か

□いつも人に振り回される。
□仕事中に趣味のことを考えてしまう。
□目上の人にはかいがいしくできる。

よ

□人情に訴えられると弱い。
□「筋」の通った決断が好きだ。
□約束は、絶対守るのが「人の道」。

た

□ピンチになると力が出るタイプ。
□人生は努力より才覚がすべて。
□誰とでも仲良くなり、得をする。

れ

□自分は「商売のセンス」がないと思う。
□恋人や配偶者に言い負かされる方だ。
□最後は気づくとうまくいっている。

そ

□自分は「バカ正直」だと思う。
□頼まれごとを断れない。
□本業を地道にやるのが幸せだ。

つ

□結婚は、おカネより誠実さが大切。
□口約束でも、破ったことはない。
□やり手より、純朴な人が好き。

ね

□上司や先輩に気をつかってばかりだ。
□担当範囲の仕事は手抜きしない。
□マジメなのにうっかりミスもある。

な

□おカネより「筋」を通すのが大事だ。
□貧乏でも「生き方」に満足している。
□まっすぐな人に出会うと嬉しくなる。

ら

□喜怒哀楽が激しい方だと思う。
□自分より他人のために行動しがち。
□感情的に動いて失敗することがある。

む

□「ウソも方便」は真理だと思う。
□静かなところでしか眠れない。
□駆け引き、折衝はうまい方だ。

う

□マジメに働くが、遊びも好き。
□ハメを外して注意されることがある。
□いまの会社に長く勤めたいと思う。

ゐ

□不正は絶対許せない。
□自分が悪くなくても、言い訳はしない。
□意地や面子は、おカネより大事だ。

の

□自分は「うっかり者」だと思う。
□人に笑われても気にならない。
□人生は、なりゆき任せが一番。

お

□腕っ節には自信がある。
□友達があまり多くない方だ。
□心の中は、いつも孤独だ。

く

□働くのは苦手でずっと遊んでいたい。
□親から譲り受けた資産がある。
□趣味や遊びには、こだわりが強い。

登場キャラと主な噺

【い】**赤井御門守**：「火焔太鼓」「粗忽の使者」「妾馬」「目黒のさんま」 (P115)

【ろ】**一八**：「愛宕山」「鰻の幇間」「山号寺号」「幇間腹」「百年目」 (P223)

【は】**魚勝の女房**：「芝浜」 (P170)

【に】**大岡越前**：「五貫裁き」「三方一両損」「大工調べ」 (P130)

【ほ】**大旦那**：「百年目」「寝床」 (P67)

【へ】**大家さん**：「井戸の茶碗」「五貫裁き」「大工調べ」「人情八百屋」「長屋の花見」「らくだ」 (P41)

【と】**お染**：「品川心中」 (P177)

【ち】**喜瀬川**：「お見立て」「三枚起請」 (P184)

【り】**熊五郎**：「大山詣り」「子別れ」「崇徳院」「粗忽長屋」「藪入り」 (P34)

【ぬ】**ご隠居**：「千早ふる」「茶の湯」「つる」「やかん」 (P48)

【る】**子供**(亀吉・金坊)：「子別れ」「真田小僧」「初天神」「雛鍔」 (P56)

【を】**権助**：「王子の幇間」「かつぎや」「権助魚」「権助提灯」「蒟蒻問答」「宗論」「化け物使い」 (P104)

【わ】**西念**：「黄金餅」「藁人形」 (P209)

【か】**定吉**：「蛙茶番」「七段目」「茶の湯」「寝床」「藪入り」 (P96)

【よ】**佐野槌の女将**：「文七元結」 (P163)

【た】**佐平次**：「居残り佐平次」 (P216)

【れ】**甚兵衛**：「鮑のし」「火焔太鼓」「加賀の千代」「熊の皮」 (P89)

【そ】**清兵衛**：「井戸の茶碗」「正直清兵衛」「そば清」 (P230)

【つ】**高尾太夫・幾代太夫**：「紺屋高尾」「幾代餅」 (P191)

【ね】**田中三太夫**：「火焔太鼓」「粗忽の使者」「妾馬」「目黒のさんま」 (P122)

【な】**千代田卜斎**：「井戸の茶碗」 (P145)

【ら】**八五郎**：「五貫裁き」「蒟蒻問答」「粗忽長屋」「大工調べ」「たらちね」「天災」「妾馬」 (P26)

【む】**万事世話九郎**：「宿屋の仇討」 (P152)

【う】**番頭**：「百年目」「柳田格之進」 (P82)

【ゐ】**柳田格之進**：「柳田格之進」 (P137)

【の】**与太郎**：「金明竹」「大工調べ」「道具屋」「かぼちゃ屋」 (P19)

【お】**らくだ**：「らくだ」 (P238)

【く】**若旦那**：「明烏」「紙屑屋」「唐茄子屋政談」「船徳」「湯屋番」 (P75)

※五十音順。「お清と与太郎の女房」「六兵衛と弥次郎」は割愛しています。

第一章

長屋のコミュニケーション力

前説

長屋はキャラの醸成装置

落語は長屋が舞台となるケースがほとんどです。その広さというか狭さは、「九《く》尺《しゃく》二間《にけん》」というのがおおむねでした。間口九尺＝一尺（約三〇センチ）×九＝約二・七メートル、奥行二間＝一間（約一・八メートル）×二＝約三・六メートルですから、六畳一間ぐらいのものです。

古地図が好きで廉価版《れんかばん》を買ってきたりしていますが、見れば一目瞭然《いちもくりょうぜん》、江戸市域の面積の八割は武家地と寺社地で、残りの二割が町人の住むエリアでした。武士と町人がほぼ五〇万人ずつでしたから、六畳一間に数人が住むイメージでしょうか。

町人の住環境がいかに窮屈だったかがわかるかと思います。

長屋には「表店《おもてだな》」と「裏店《うらだな》」があります。表通りに面して建てられたのを「表店」といい、ここに住めるのは一流の職人の頭《かしら》や、大店《おおだな》の番頭たちでした。

そして、表店の路地を入ったところに並んでいるのが、「裏店」といわれる最前広さをお伝えした「九尺二間の裏長屋」。商家の奉公人《ほうこうにん》、職人、行商人や日雇人夫、最下層の武士などは、この「裏長屋」で暮らしていました。

長屋というのは落語の住人たちの居住空間であると同時に、その登場人物たちの個性あるキャラを活《い》かす舞台＝フォーマットでもあります。

かくも狭苦しい中に、以後この本で述べてゆくような個性豊かなキャラが行き来するのですから、当然会話を始めとするコミュニケーションも必然的に濃《こま》やかになり、結果として「互いに忖度《そんたく》し合う」のが当然となり、「空気を読み合う」ような日本人らしい意思疎通能力が高まっていったのでしょう。

考えてみたら長屋はもちろん、その象徴のような「井戸端」などは消え去ったにも拘《かか》わらず、いまだに令和の現代においても町の片隅、スーパーの入り口などで主婦が立ち話するスタイルを、「井戸端会議」と呼ぶのはとても不思議ですよね。時代は変わっても、庶民の暮らしが長屋の延長線上にある証拠なのかもしれません。庶民生活の原点は、まさに江戸時代に由来するといっても過言ではないはずです。

狭くて薄い壁だからこそ、隣の家の夫婦が何の原因で喧嘩《けんか》しているかや、子供が泣いている理由などもバレバレだったはずで、「個人情報保護」が前提となっているいまの世の中とは真逆の世界観がそこに横たわっていたのでしょう。

長屋という空間が落語の登場人物のキャラを醸成したのは間違いないでしょうが、そんな変わり者たちをうまい具合にまっとうな道へと馴染《なじ》ませ続けてきた装置でもあったに違いありません（落語には基本、人の道を踏み外すような人間は出てきません）。

当然そこにはいまの世の中とは違ったきついストレスはあったのでしょうが、現代人が落語を聞いて安らぎを覚えるのは、とても不思議な感じがします。そこには「懐かしさ」とか「ないものねだり」という安直な感覚を超えた「何か」があるような気がします。それが落語の魅力の一つなのでしょう。

与太郎

「間抜け」だって愛されれば勝ち

落語は「発明」かもしれないなと思っています。

たった一人で何人もの登場人物を描けますし、神様も仏様も演じることができ、設定は極楽でも地獄でもどんな場面も表すことができます。

おそらく初期の落語は、「ご隠居さんの家に八五郎が訪れます。『こんちは、ご隠居さんいらっしゃいますか』と八五郎が尋ねると、ご隠居さんは『おうなんだい、八《は》っつぁんかい、まあまあおあがりよ』と会話が始まりました」などと、いちいち断りを入れてやっていたと想像します。それがいきなり「上下《かみしも》を切る」といって顔を左右に切り替えるだけで人物が入れ替わるという「約束」を観客にわからせるように「進化」してゆきました。

無論その発明は、観客の「想像力」が前提となっているのですが、最初の発明が観客に一定の支持を得て次世代へとつながり、さらに落語家が何世代にもわたって連綿と加え続けた「工夫」が相乗効果となって、たくさんの古典落語が生まれてきました。

その恩恵を我々落語家と観客が享受している僥倖《ぎょうこう》をいましみじみと感じながら、この本を書いています。今回の本のテーマ「落語に出てくるキャラクター」もそんな発明品の一つですが、その中で最高傑作の誉《ほま》れの高い発明品といえば、やはり「与太郎」ではないかと確信しています。

ご存知「バカ」を表象するキャラクターを一手に引き受ける架空の人物ですが、師匠談志《だんし》は「与太郎はバカじゃない。それをバカとしてしか把握していない落語家がバカなのだ」と堂々と名誉を回復させることに尽力していました。

弟子である私は、その思いを汲《く》み、二〇一七年に『なぜ与太郎は頭のいい人よりうまくいくのか』（日本実業出版社）を出版しました。

談志は「与太郎がバカだったら、『道具屋お月様見てはねる』なんて童謡のパロディを言わないだろう。『かぼちゃ屋』では『売る奴が利口で買う奴がバカ』という経済の本質を見事に突いている」と言いましたが、私はそんな師匠の遺志を受け継ごうと、その本では架空の存在の与太郎と会話をすることから取り組んでみました。

そこで気づいたことがありました。

それは、**「何事においても与太郎は、自分からはコミットしていかない」**ということでした。こちらから話しかけない限り、向こうから声をかけてくることは絶対ありません。「道具屋」や「かぼちゃ屋」では「おとっつぁんがおじさんのところへ行ってこいと言っていたから来た」と言っておじさんの家に行き、商売を仕込んでもらいます。決して「自分に商売を教えてほしい」などとは言わず、回りが、「何とかしてやらなきゃ」と思うことからスタートします。

「大工調べ」という落語では、大工という職に就いてはいますが、仕事にやってこないのを気遣った政五郎がわざわざ与太郎の家を訪れるところから物語が始まります。「金明竹《きんめいちく》」という落語では、「親戚から預かった愚かしい者」という設定で登場します。

つまり、すべてにおいて「流れに身を任せている」という風情《ふぜい》で**「世の中をついでに生きている」**というのが与太郎の姿なのです。

世の中をついでに生きるという生き方は、いますぐにマネなんかは絶対できない生き方です。それでも、少しでも「成り行き」を、そして「周囲を信じながら向き合っていったとしたら、誰もが楽になれるのでは」という思いをその本に託してみました。

そうなんです。与太郎は「周囲を信じている」からこそ、流れに身を任せた生き方ができているのです！

その本を一冊書き終えてみて、楽なようで絶対にできない生き方だよなあと悟ると同時に、与太郎が出てくる落語が愛されている理由も明確になってきました。「バカにされても平気」な生き方は、人にプライドがある限り辛《つら》いはずですが、与太郎はそんなことはどうでもいいという「暖簾《のれん》に腕押し」で流されています。

さらに与太郎は、メインキャラクターとしてだけの出演ではありません。「妾馬《めかうま》」にも端役《はやく》として八五郎の会話の中で出演します。

「八五郎がみんなと博打《ばくち》をやっている際、そのおふくろさんが八五郎を捜しにやってきます。仲間が面倒くさいからこの押し入れに隠れちまえ、俺たちがごまかすからと言い、八五郎は押し入れに隠れます。そこへ『うちのバカはいないかい？』とやってきたおふくろさんに、仲間たちは『知らねえな、しばらくあいつには会わねえもん』とかばうのですが、与太郎が『おっかさん、おっかさん、この押し入れの中にもいないよ』と余計なことを言ってしまう」というあの場面です。

「与太郎」というその語感が間抜けさを連想させるからでしょうか、落語の中に与太郎が少しでも出てくると、なんだか場が明るくなる感じがするから不思議ですよね。

そして、それを架空の存在とはいえ与太郎の「人徳」として捉えるならば、もの凄い大人物のようにも思えてくるから不思議です。

つまり——。

「世の中で起きるバカな出来事はすべて俺のせいにしちまえばいいよ」と、実は与太郎が言っているのではないかとすら思えてくるのです。落語の中でしか生きていないはずの与太郎ですが、そんな途轍《とてつ》もないほどの器の大きさを感じるのは私だけでしょうか（はい、確かに私だけでしょう）。

「落語は人間の業《ごう》の肯定だ」とは談志の定義であります。ダメなことをしでかした人間の行為を笑い合うものこそ落語であるとは思いますが、やはりそのしくじりは特定の人間の言動につながる可能性があり、それが知れた場合のマイナスは計り知れないはずです。聞いていたお客さんの中に該当者がいたとしたら遺恨《いこん》にすらなりかねません。そうならない装置として編み出されたのが、この世に実在してはいない与太郎なのかもしれません。

そうして作り込まれたキャラクターこそ与太郎なのですが、もはやここまでくると完全に買いかぶりかもしれませんが、「与太郎は、本当は実在していて、しくじりや侮蔑《ぶべつ》や嘲笑《ちょうしょう》などルサンチマンの一切を甘んじて受け入れている菩薩《ぼさつ》」にすら思えてきます。

そして――。

それを演じる落語家たちを顧《かえり》みると、この世知辛《せちがら》いご時世に落語家という食えるか食えないかわからない職業に、惚《ほ》れた師匠の芸に惑わされて入門してしまったという意味では、誰もが愛すべき与太郎にすら思えてきませんでしょうか。

このコロナ禍で、子供たちのなりたい職業として「サラリーマン」のランキングが上昇しているという記事を見ました。無論サラリーマンがダメだというわけではありませんが、そんな時代に落語家を選び、さらにはそれとセットになっている厳しい前座修業を乗り越えなければならないことを踏まえるとなおさらです。

私を含めて、師匠として選んだ落語家の芸に惚れてしまった病をこじらせているのが現役の落語家各位なのです。落語家になって三〇年以上経過していますが、売れる売れないの違いなどはあっても、職業として落語家を選んだというシンパシーは誰もが共有しているはずですし、その連帯感は強固でもあります。

過去にいろんな落語家がそれぞれの価値観や演出に基づき、時代に応じていろんなタイプの与太郎を演じてきましたが、どれも正しいと思うのはそういう理由からです。愛すべき与太郎という存在を、密《ひそ》やかに現代に訴えているのは、ほかならぬ落語家たちの生き方だったのです。実在する落語家すべてが、実在する与太郎だったのです！

これはコロナ禍があったからこそ気が付いた考え方かもしれません。みなさん、落語家を愛しましょう。

チャットGPTなんて、あたいよりバカかもよ。
少し信じるだけでいいよ。チョットGPTな。

八五郎

いつも騒動の中心にいる「粗忽者」

落語の登場人物の共通性は「粗忽《そこつ》」にあります。誰もがそそっかしく、「落ち着けば一人前」なのに、早とちりしてしくじるところから物語が転がり始めます。粗忽性は共通するキャラゆえに、バカの代表格が与太郎であるのとは違い、「粗忽の吉《き》っつあん」などと特定の名前を持ち合わせていません。

「火事と喧嘩は江戸の華」などといわれた江戸は、前説にてお話ししたように、長屋は人口が過密でストレスフルなコミュニティでしたから、誰もが喧嘩っぱやく、誰もがおっちょこちょいだったのでしょう。いわば、喧嘩も火事も、そして粗忽性も、人口過多に由来することなので、路傍《ろぼう》の花と同じように「ある程度」は許容されていたのかもしれません。そうじゃなきゃ物事は回らなかったはずですし、そういう人たちの言動が活写され、語り継がれてきたのが落語なのです。

さて、そんな落語のメインキャストともいうべき存在が「八五郎」です。江戸時代の身分制度「士農工商」というランクでいうところの「工」の職人にカテゴライズされる存在です。

ところで、落語を俯瞰《ふかん》すると、**騒動を起こすのは、必ず「工」である「職人」連中であることに気が付きます。**「天災」の八五郎は実の母親を足蹴《あしげ》にする乱暴者として描かれていますし、「大工調べ」では大家さんと諍《いさか》いを起こす大工です。「大工調べ」の八五郎は、弟分の与太郎に「俺たち職人は仕事さえありゃ大名暮らしができるんだ」という自負めいたセリフを吐きますが、誰の力も借りずに自分の腕さえ磨けば生きていけるというプライドと自信があるからこそ意思を曲げず、すぐに喧嘩にまで発展してしまうのでしょう。このあたり、商人が「できるだけ争いごとを起こさず円満に処理しようとする」姿勢であるのとはとても対照的であります。

八五郎はそんな職人を代表する存在として、落語の中にたくさん出てきます。「三方一両損《さんぽういちりょうぞん》」という落語があります。ここでは八五郎という名前での登場はありませんが、登場人物はまさに職人の代表格である「左官《さかん》」の金太郎と「大工」の吉五郎です。いわば八五郎の兄弟分のような連中であります。

あらすじは……左官の金太郎が往来で三両のカネが入った財布を拾います。中に入っていた書付《かきつけ》を見てみると、財布の持ち主は大工の吉五郎だとわかります。住所を頼りに届けに行ったのですが、江戸っ子を標榜《ひょうぼう》する吉五郎は、俺の懐《ふところ》から出ていったものだからもはやそれは俺のカネではないから受け取らない、お前にやると言い張ります。

金太郎もまた江戸っ子を身上としており、そんな形で謂《いわ》れのないカネをもらうわけにはいかないので吉五郎に返すと言って聞きません。お互いにカネを押し付け合うことがこじれて、大岡裁きを受けるところにまで発展します。

双方の言い分を聞いた大岡越前は、どちらの言い分にも一理あると認めます。その上で、越前は自腹を切り、一両を加えて四両とします。そしてそれを金太郎と吉五郎とで二等分し、二両ずつ分け与える裁定を下します。

本来自分の落とした財布にあった三両を、吉五郎は二両しかもらえませんし、拾った金太郎も三両もらえるところ二両しかもらえません。そして越前も自ら一両という身銭を切ったという「三方が一両ずつ損をする」という実にバランスのとれた決着になるという噺《はなし》です。

「江戸っ子であり続けたい」という美学は、ご先祖さまや職人としての師匠などからの影響でしょう。「粋《いき》」でいたいというやせ我慢というかダンディズムは確かにカッコいいなという感じもしますし、この「三方一両損」をやった後の爽快感はなんともいえないものであります。

八五郎は、騒動のみならず落語の中の「切り込み隊長」的存在でもあります。「野ざらし」の八五郎は、いい女と出会いたいあまりに尾形清十郎先生の竿《さお》を借りて釣りにも出かけますし、「妾馬《めかうま》」では、「がらっ八《ぱち》」というキャラを横溢《おういつ》させまくります。この落語、賢い妹お鶴がお殿様（赤井御門守《あかいごもんのかみ》）に見初《みそ》められて側室になり、その後世継ぎをもうけて一気に「お鶴の方さま」に大出世する噺ですが、お鶴の差配でお殿様と八五郎が会うことになります。

そこで大家さんから「殿様には失礼のない言葉遣いをするように。モノの前に『お』の字をつけて丁寧に話すように」とアドバイスを受けて屋敷に入ってゆくのですが、いざお殿様本人を前にして、「おこんにちは、お結構なお天気さまでござり奉《たてまつ》ります。おあたくし様はお八五郎さまと申し上げ奉ります。この度、おあたくし様のお妹さまのお鶴さまが、おジャリさまをおひり出し奉りまして……」などとトンチンカンな応対に終始します。そして、逆に彼の裏表のなさがお殿様に気に入られて出世をするという展開になってゆきます。

「江戸っ子は皐月《さつき》の鯉の吹き流し　口先ばかりはらわたはなし」を地《じ》で行くような男こそ江戸の職人代表の八五郎なのでしょう。

ここで私は、落語家とお笑い芸人との対比をふと思いつきました。

落語家もある意味職人であります。落語という技芸を磨いて生きてゆく生き方は「工」に近い匂いがします。徒弟《とてい》制度がその下支《したざさ》えをしている点でも同じです。まず生きてゆくために落語の技芸を磨くのが前提であります。

それに対してお笑い芸人は、「大手メディア」という「大商家」に生息する「商人」的存在でもあります。わかりやすい例は「ひな壇芸人」です。お笑いのセンスというよりは、それも含めた「そこで生き抜くためのコミュニケーション能力」がまず前提となる感じでしょうか（無論、これは落語家が上でお笑い芸人が下とか、あるいはその逆とか、優劣などではありません）。

「笑い」という同じような世界にいながら、落語家とお笑い芸人との間には、はっきりとは見えないのですが、両者をセパレートする見えない川があるような感じがします。

近年、月亭方正《つきていほうせい》さんを始めとする形でお笑いのメインストリームにいながら落語の世界に身を置く方が増えてきていますが、仲良くなって打ち解けてくるとそんな話になります。

談志は、いわば持ち前の強烈な個性と頭脳とで、その間を縦横無尽《じゅうおうむじん》に行き来していた感じでもありました。そして、世間的に「売れる」ということは、そんな「大きな商家から声をかけてもらうこと」でもありますので、実はその境目は非常にセンシティブでもあるのです。

いや、落語の世界に限らず「売れる」という現象は、媒体という「大きな商家」との折衝《せっしょう》そのものかもしれません。ミュージシャンの世界では、本来は目的ではない世界に身を置いて自分の意図しない売れ方で世に出ることを「魂を売った」などという言い方で侮蔑したりすると聞いたことがあります。侮蔑まで行かなくても「日和《ひよ》った」などという言葉はよく聞きます。

談志のようにやりたいことを極めて、世間から「売れる」という評価をもらえれば理想なのでしょう。そしてそんな談志は「俺が嫌いなら俺を超えてゆけ」と発破《はっぱ》をかけたものでした。

ましてや談志は、弟子たちには特に「売れろ」と言い続けましたし、実際売れている弟子が大好きでした。

真打《しんう》ちになったばかりの頃でしたか、「お前、俺に何か聞きたいことあるか？　なんでも答えてやる」と言ってくれたことがありました。故郷上田（長野県上田市）での談志を招いた落語会の打ち上げの席でした。

酒の勢いを借りながら「師匠、売れたいんです」と言うと、師匠は少し笑って「お前いくつだ？」と聞き返してきました。「三九です」と答えると「五〇まで遊べ」ときっぱり言われたものでした。

あれから師匠もいなくなったいま、私はその五〇をはるかに超えて還暦《かんれき》近くなっています。

現在の立ち位置を嚙《か》みしめてみると、このコロナ禍で落語の仕事が壊滅状態になり、回復基調にあるとはいえまだその余波が続く中、私立大学に通う二人の息子の学費、住宅ローンに追われて日々必死であります。あの頃描いた「売れる」という状況とはかけ離れていることを恥じるのみですが、それでも今回のこの本も含めて出版方面からの依頼が相次ぎ、ギリギリ生活は成り立っている現状であります。幸い著述業は自分のやりたい仕事であるのが救いではあり、またかようなやりたいことを極めて世間的に「売れる」こと、つまり**自分の現在の仕事と世間からの評価を同一線上に置こうと命がけ**といったところでしょうか。

八五郎というキャラを突き詰めていくうちに、自分の現時点の立ち位置、そしてこれからの在り方を考えさせていただくことができたような感じがしています。それだけ落語の登場人物のキャラは、際立っているという証明なのでしょう。

貫いて生きてりゃよ、そりゃ辛いこともあるけどさ。少しはいいこともあるさ。世の中捨てたもんじゃねえよ。

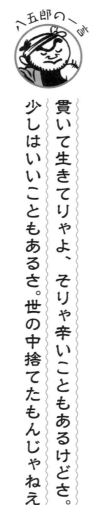

熊五郎

大酒飲みだが人情に厚い江戸前の男

「がらっ八」という八五郎に対して、その一方で「能天熊《のうてんくま》」と呼ばれる八五郎に負けないキャラクターこそ熊五郎です。能天気と周囲が認めるほどなのですから、いわゆる呑気《のんき》でのんびり気質なのが、八五郎とは違う性格を表しているように思えてきます。「能」という字と「熊」という字はよく似ていますよね。

熊五郎が出てくる噺で、八五郎とは対照的なのが、「子別れ」と「藪入《やぶい》り」です。ともに人情噺の代表格です。そして子供が出てくる点でも似通っています。「子別れ」では、別れた妻子と再び出会い、よりが戻ってまた三人で出直す、「藪入り」では、幼い息子が奉公に行っていて、三年後に戻ってきてその成長ぶりに戸惑うという、どちらも「子煩悩《こぼんのう》」ぶりが発揮されます。いま考えると、八五郎に子供がいる設定の落語はほとんどないような感じがします。当初八五郎のようなキャラだったのが、子供を授かることによって変わってしまったのが熊五郎なのかもしれません。そして、特筆すべきは、「子別れ」のワンシーンです。動物園に行った熊五郎の息子（金坊か亀吉）が「象や虎や熊を見てきた」と言うと、その女房は「象や虎は構わないけど、熊はおとっつぁんだから『さん』をつけなさい」と言います。別れてまでも、まだ実は女房から愛されていたことがわかる名場面です。ここでその子供が「まだ、おっかさんはおとっつぁんのこと満更《まんざら》でもねえぞ」と冷やかすことでさらに笑いが増幅します。

そして「藪入り」でも、親バカ子煩悩の熊五郎を冷静に見つめる女房が対比的に描かれています。つまり、この熊五郎、いい女房に恵まれる女運がいい男ともいえるのかもしれませんよねえ。八五郎とは一心同体だったような熊五郎の性格が、この女房との出会いで変わり、そして子供がさらに変化させていったのではと考えてみるのも面白いかもしれません。

このあたり、熊五郎が基本単独で出てくる「大山詣《おおやままい》り」や、子供なしで女房と登場する「崇徳院《すとくいん》」などとは明らかに一線を画しています。

「大山詣り」での熊五郎は、乱暴狼藉者《ろうぜきもの》の最たるものです。

あらすじは……いまの神奈川県伊勢原市の大山にある「大山阿夫利《あふり》神社」へのお詣りが舞台の噺です。ここは博打と商売にご利益《りやく》があり、江戸っ子たちはこぞって訪れていました。ある長屋でも例年通り一同がお詣りに行くことになったのですが、先達《せんだつ》というリーダーがいなければいけません。ぜひ先達にと依頼されたのですが、その男は断ります。理由が熊五郎でした。彼の酒乱による狼藉を唾棄《だき》していたのです。

そこで「腹を立てたら罰金、喧嘩をしたら髪を剃《そ》って坊主にする」という約束が交わされ、旅は円満に進行するのですが、帰りの神奈川宿《じゅく》の宿屋に泊まったところで、熊五郎が酔っ払って爆発します。風呂場で大騒ぎの大立廻《おおたちまわ》り、怒った仲間が熊五郎を坊主にすると訴えるのですが、先達に「明日帰るんだから我慢しろ」と言われて釈然としません。収まらない連中は爆睡している熊五郎の頭を丸坊主にし、置き去りにして翌朝神奈川宿を発《た》ちます。

翌朝目を覚ました熊五郎は坊主頭にされたことに気づき、早駕籠《はやかご》を依頼し、先に出発したほかの長屋の連中を追い抜いて一足先に江戸に戻ります。長屋に戻った熊五郎はかみさん連中を集め、「自分以外の長屋の者は帰りの金沢八景《かなざわはっけい》見物で乗った船が突然の嵐で遭難して死んでしまった。お前さんたちは尼《あま》さんになって亡き亭主を弔《とむら》え」

と勧め、自分の坊主頭を見せ、「俺はいち早く弔っている」とウソをつきます。

この熊五郎のウソを信じてしまった長屋のかみさん連中が熊五郎の手により一人残らず坊主にされます（熊五郎が自分のカミさんだけを坊主にしないところが笑いのポイントでもあります）。

そうとは知らない長屋の一行が帰ってみると、長屋中に「忌中《きちゅう》」の札が張られ、念仏が聞こえてきます。そして、自分の女房たちが皆坊主頭になっているのを見て、熊五郎の仕業《しわざ》とわかり激怒します。ここで先達が「これはめでたい事だ」と諌《いさ》めます。

「あんたのかみさんも坊主にされちまって、どこがめでたいんだ？」

「お山は無事に済んだしさ、家へ帰ればみんなお毛が（怪我《けが》）なくっておめでたい」

落語らしいバカバカしいオチがなんともいえないいい噺なのですが、乱暴者であり、知恵者である熊五郎の性格が表出しています。

これが「崇徳院」になると、今度はまた変わってきます。「若旦那《わかだんな》の恋煩《こいわずら》いのお相手を捜し出せ。捜し出したらお前にこの三軒長屋をやる。捜し出さないと倅《せがれ》殺しとして訴える」と大旦那に激しい無茶ぶりをされ困り果てる熊五郎ですが、その女房ときたら三軒長屋に目がくらみ、亭主に若旦那のお相手を捜すようけしかけます。

八五郎のキャラが攻撃的のみに演出される一方、熊五郎は時に周囲に翻弄《ほんろう》され守備的に振る舞うなど、落語によって立ち位置が変わるのが好対照であります。

そんな両極端の八五郎と熊五郎とが出てくる落語に「粗忽長屋」があります。

あらすじは……八五郎が浅草で身元不明の行き倒れの死体に遭遇します。検証している役人に「これは隣に住んでいる無二の親友の熊五郎だ」と言います。役人は身元がわかったと一瞬喜ぶのですが、八五郎が「今朝《けさ》熊五郎に会った時、具合が悪いと言っていた」と言うのを聞き、「この行き倒れは昨晩からここにいたのだから、それは違う」と主張します。しかし、主観の強すぎる八五郎は聞く耳を持たず、「当人の熊五郎をここに連れてくる」と言い張って去っていき、役人らを唖然《あぜん》とさせます。

八五郎は長屋に戻り、隣に住む熊五郎に向かって「お前は浅草寺《せんそうじ》の近くで死んでいるぞ」と言います。**八五郎が主観の強い存在であるのに対し、日頃からぼんやり生きている熊五郎**は、当初は「その浅草の死体は自分じゃない」と言い張りますが、八五郎の勢いに負けて「そういえば自分は死んだのかも」と思うようになり、二人して浅草に向かいます。熊五郎は、死体の顔を検《あらた》めて「やっぱりこれは俺だ」と泣き崩れます。呆《あき》れ果てる役人たちに向かって八五郎は、「死んだ当人が俺だと言っているんだから間違いない！　泣け、わめけ」とけしかけます。熊五郎は死体を抱き起こしながら、「どうもわからなくなったぞ。抱かれてるのは確かに俺だが、抱いてる俺は一体誰だろう？」というオチを言い放ちます。

談志の十八番《おはこ》で、八五郎の主観の強さを全面に出す演出で「主観長屋」と定義して観客を爆笑させていたものでした。

死体を見て、「これは俺かなあ」とぼんやり答える熊五郎に業を煮やした八五郎が「しっかりしろよ。だからいつも俺は朝に顔を洗う時、鏡でよく自分の顔を見ろと言っているだろ。いい男になれと言ってるんじゃないよ。毎日自分の顔をよく見ていれば自分の顔がどんなんだか頭に焼き付くだろ。俺なんざいつも自分の顔を鏡で見ているからな、表に出て向こうから俺がやってきた時でも、あ、あれは俺だってわかるんだ！」というメチャクチャな部分は談志の真骨頂のような場面でした。

単独では乱暴者の要素を持ちながらも、所帯を持ってカミさんや子供に恵まれるとその優しさが露出し、そして**最高のパートナーである八五郎とペアになると本来持っていたはずの能天気さがあふれ出す**という、これが熊五郎の魅力なのでしょう。

いまここまで書いてきて、大工だった母方の祖父をふと思い出しました。

お袋曰《いわ》く「いつもキェルケゴールなどの難しい本を読んでいた。本人は本当は銀行員になりたかった」とのことでした。大工としての腕もよく、棟梁《とうりょう》として敬意を表されていました。私の思い出でもいつも優しく穏やかなイメージしかなく、酒も一滴も飲まない人生を送り、いわゆる昔気質《むかしかたぎ》の職人とは真逆のキャラでありました。

長女であるお袋が親父《おやじ》と結婚した時に、その新居を祖父が建てることになったのですが、親父も親父で当時貯金も相当あったらしく、なんと祖父に現金一括で代金を支払ったと聞きました。「うちの娘の亭主は大したもんだ」と周囲によく吹聴《ふいちょう》していたそうですが、そんな堅気《かたぎ》の父親に反して、息子である私は落語家になりました。そしてコロナ禍もあり、こんな私の生き様を目《ま》の当たりにした長男坊は、やはり私とは真逆の生き方を選択し、先日、第一志望の企業に内定をいただきました。「子供は親とは真逆の道」を歩むものなのかもしれません。

熊五郎の一言

呑気に生きようぜ。自分の居場所は周囲が決めてくれるもんだ。焦んなよ。

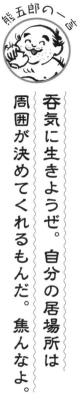

大家さん

店子の親代わりでお節介を発揮

落語に頻繁に出てくる「大家さん」と呼ばれる人々は、どんな人たちだったのでしょうか？

実はつい先日、とある時代劇映画への出演オファーをいただき撮影を終えてきました。まだ情報解禁になっていませんので明らかにできませんが、主人公が住む長屋の大家さんという役柄でした。

本格的に鬘《かつら》を付け、衣装も整え、さらには時代劇のセットの中にいると、まるで自分が本当に江戸時代の大家さんのような心持ちになってくるから不思議です。

「こんな間取りの中でどのような会話をしていたのだろう」と思いを馳《は》せることは、今後落語をやる際にも大切な情報になるに違いないと確信もしましたし、また一流の役者さんと接することでセリフの間《ま》の勉強にもなりました。この経験を活かせるようさらに精進します。ご期待ください。

さて、現代の大家さんと、江戸時代の大家さんとは実はまったく違います。現代の大家さんがいわゆる「物件のオーナー」であるのに対し、江戸時代の大家さんというのは、いわば「店賃《たなちん》を取るための管理人」であります。その長屋の所有者は、大家さんではないからです。

大家さんは、裏長屋の入り口側に住んで、店子《たなこ》から店賃を集めるなどの管理を任されていました。裏長屋は入り口に木戸があり、たとえば所有者の名前が八兵衛《はちべえ》ならば木札に「八兵衛店《だな》」、以下に住人の名前が順に明示されていました。

当時は、「家守《やもり》」「差配《さはい》」ともいわれていました。「妾馬」ではお殿様の家来が裏長屋に入り、「この中に家守はおるか?」と聞くと、長屋の連中が動物のヤモリだと勘違いして「夕暮れ時分に井戸端あたりに出てきます」などと答えるシーンがあります。

ところで、落語の中でよく出てくるセリフに**「大家といえば親も同様、店子といえば子も同様」**というのがありますが、これはつまりは、良くも悪くも長屋の住人たちに影響を与えるほどの距離感だったということでしょう。だから、落語に出てくる大家さんは、いい大家さんと悪い大家さんとでギャップがあるのかと思います。

いい大家さんですと、「長屋の花見」が挙げられます。この落語では店子たちが揃いも揃って店賃を払っていないことがネタとなっています。それらに呆れながらもこの大家さんは、世間から「貧乏長屋」と呼ばれているから、「貧乏を笑い合おう」とばかりに貧乏神払いと称し、長屋の店子たちを連れて上野の山に「花見」に繰り出します。ここで、煮だしたお茶を「酒」、お馴染みの沢庵《たくあん》を「卵焼き」に、大根の漬物を「蒲鉾《かまぼこ》」に見立てたりします。

「井戸の茶碗」では、無骨な浪人・千代田卜斎《ぼくさい》の住む長屋の大家さんなどは、頑《がん》として二〇両のカネを受け取ろうとしない千代田に対して、「『百両のカタに編み笠一蓋《いっかい》』（損得が釣り合わないという意味のことわざ）と申します。何か先方様に差し上げますれば、この二〇両はもらったおカネではなく、その品物を売った代金ということになります。どうかかような塩梅《あんばい》でこの禿《は》げ頭に免じて、丸く収めていただけないでしょうか」と言って、相手のプライドを傷つけることなく問題を解決します。

「五貫裁《ごかんさば》き」では店子のならず者の八五郎を更生させるべく大岡越前に願書をしたためるなど、大家さんは獅子奮迅《ししふんじん》の活躍をします。

悪い大家さんはというと、「大工調べ」で棟梁の政五郎に啖呵《たんか》を切られる因業《いんごう》な大家さんを始め、「らくだ」では超ドケチという設定にもなっていますが、極めつきは、「人情八百屋《やおや》」に出てくる「小板橋喜八郎」という大家でしょうか。

八百屋の平助が、七日ばかり前に弁当と小遣いを与えた貧しい裏長屋の親子のもとを訪れると、「貸家札」が貼ってあります。隣の住人に聞くと「父と母が同じ日に死んでしまい、残された二人の子はこの長屋の突き当たりの火消しの鉄五郎夫婦が預かっている」とのことで鉄五郎宅を訪れます。

鉄五郎宅にてその女房から、「(平助が)置いていった三〇〇文《もん》のカネを因業《いんごう》大家・小板橋喜八郎が店賃の一部として無理やり持っていってしまった。久しぶりにそれでささやかな食事を取ろうと思っていたのに、それすら許されないのか。この世は地獄かと落ち込み、子供二人を表に遊びに出したスキに母は首を吊り、父は舌を噛み切って死んでしまった」と聞かされるのです。これをきっかけに平助と鉄五郎は兄弟分の杯《さかずき》を交わし、残された二人の子を平助が預かるという展開になってゆく人情噺です。

いろんな落語にいろんなタイプの大家さんが出てきますが、この落語を聞くと、「大工調べ」や「らくだ」の大家さんがかわいいとすら思えてきますよね。

店子との距離が近いというよりは、そのプライベートな領域にまで踏み込まなければならないほど、当時の大家さんの仕事量や気苦労は多かったともいえましょう。それほど江戸時代の大家さんの仕事は、多岐にわたっています。

・店子から「店賃」の集金
・住民トラブルの調停
・行政上の連絡
・住民登録業務
・火の用心などの見回り

などが主なものです。そして一番のストレスはというと、**もし店子の誰かが悪いことをすると、連帯責任を取らされること（連座）**でした。江戸時代の治安はかように緻密《ちみつ》な日々の努力の上に成り立っていたのです。

「大家といえば親も同然、店子といえば子も同然」と言ってお節介を焼くのは、大家に課せられた重圧でもあったのでしょう。

ちなみに長屋の共同便所から出る人糞《じんぷん》は、有機肥料として高く売れていました。千葉あたりの農民が船で買いに来るほどで、それが「現金化」されていたので、「長屋の花見」に代表される「店賃を払わない店子」がある程度大目に見てもらえていたのです。店賃は払わなくとも、見方を変えれば店子は「人糞排泄《はいせつ》」を担っていたので黙認していたのかもしれませんね。

ともあれ、談志の十八番でもある「人情八百屋」の大家について気になったので調べてみると、元ネタは講談で、強欲な質屋も兼ねて家主をしていたとのことです。カネに目がくらんで血も涙もない無理な店賃の取り立ての結果、悲惨な出来事に発展する落語ですが、やはり聞かせどころは、それでも「縁もゆかりもない二人の子」を貧乏なはずの八百屋の平助が預かるところです。きっと平助の住む裏長屋の大家さんはこの話の経緯を聞いて、「じゃあ、忙しい時はうちが預かるよ」などと言って優しく手を差し伸べていたに違いありません。

福祉という公的サービスの概念がない江戸が、二七〇年近くの長きにわたって存続していた理由は、そういう民間の濃やかな差配にあったのではないでしょうか。そんな当時の人々の温かい息吹《いぶき》を想像して安らいだ気持ちになれるのも、落語の楽しみ方の一つではないかと確信しています。

二年ぐらい前から、本郷由美子さんという方と親しくさせていただくようになりました。本郷さんは大阪教育大学附属池田小学校での殺傷事件（二〇〇一年）の被害者の母親で、現在グリーフケア（遺族が死別から立ち直るための支援）の一環として「不慮の事故や事件などで肉親を亡くされた方」のサポート活動に、精神対話士の資格を持ったプロとして心血を注いでいます。

「落語は一番のグリーフケアになる」とのお話を受けて、さまざまな場所でやらせていただいています。終演後出席していた方に感想などを伺うと、「久しぶりに笑った」という声を聞き、やりがいと手ごたえを感じています。私としても、自分よりはるかに大変な境遇にある方々を前に、より謙虚に落語に取り組む素晴らしい機会を与えていただいたような気がして、ライフワークのようにすら思えてきています。やはり落語は「人に寄り添う芸」なのでしょう。

同じように、さまざまな問題を抱えていた江戸っ子に、大多数の大家さんがきっと寄り添っていたはずです。

いい奴もいれば悪い奴もいるよ。だけど、世の中捨てたもんじゃないよ。

ご隠居

「物知り」が高じて知ったかぶりに

落語には頻繁に「知ったかぶり」をする人が出てきます。

中国の医学書である『傷寒論《しょうかんろん》』の中のおならを意味する「転失気《てんしき》」を、酒を呑《の》む器の「呑酒器」と早とちりした和尚《おしょう》さんが出てくる「転失気」は、小学生向けのテッパンネタでもありますし、「腐った豆腐」を「台湾の名物料理ちりとてちん」だと言い張って無理やり食べさせられる「ちりとてちん」など枚挙に暇《いとま》がありません。

背景には、「物知り」に対する評価があったからでしょう。その一方で「知らないものを知らない」と言うのは恥であるどころか恐怖であり、そこで信頼を失うことは途轍もないマイナスだったのかもしれません。

考えてみたら「知識偏重主義」は人類の基本なのかもしれません。大学入試は、どれだけ知識を有しているかのチェックそのものでもあります。「知らないことを知る」という好奇心の強さこそが、文明を始め人類のあらゆる欲望のアクセルとなってきています。

その果てに、生まれたのが「生成ＡＩ＝ＣｈａｔＧＰＴ」でしょう。質問を投げかけると三〇秒ほどでたちどころに答えが出てくる画期的なシステムを、令和の現代人は快哉《かいさい》をもって受け入れています。

が、まだまだ発展途上ゆえか、「過去の膨大なデータが根拠となっている事柄」に関しては比較的正しい答えが得られるのですが、たとえば「立川談慶について詳しく教えてください」と指示を出してみると、めちゃ面白い答えが返ってきました。

答えは以下の通りです。

〈立川談慶は、日本の落語家であり、父親が立川談志であることでも知られています。本名は立川清志といい、一九五八年八月九日に東京都世田谷区で生まれました。幼少期から父親の背中を追うように落語を学び、高校卒業後に落語家を目指すようになりました。一九八二年に真打ちに昇進し、以後は活躍を続けています。代表的な演目に「乳房と壺《つぼ》」「牛若丸」「餅菓子」「野崎詣り」などがあります。また、キャラクター性の強い持ちネタも多く、その中でも「江戸っ子祭り」や「昼編熱海《あたみ》旅情」などは特に有名です。立川談慶は、父親同様に落語の世界でも高い評価を受けており、数々の賞も受賞しています。また、テレビ・ラジオ出演も多く、「笑点」や「クイズ！　脳ベルＳＨＯＷ」などにも出演しています。一方で、家族問題が報道されたこともあり、その人柄や生い立ちについての注目度も高い人物です。しかし、彼自身は常に落語一筋であり、落語家としてのプライドを持っているとされています〉

いやあ、ほとんど間違っていますよね。さすが、コンピューターです。「知らない」とはいえない作りなのでしょうね。

さあ、ここです。そんな「知ったかぶり」を代表する落語界の愛すべきキャラクターこそ「ご隠居さん」であります。

ご隠居さんの半生を想像してみましょう。

おそらく最初は「物知り」でチヤホヤされていたのでしょうが、そのうちに年を重ねるにしたがって諸々本を読んだりするのが面倒くさくなり、苦し紛れに「知ったかぶり」をしたところ、一定の「さすがご隠居、物知りだ」などと信じる層が現れ、「ま、このままでもいいか」というような具合に、次第になっていったのでしょう。伊達《だて》に年を取っちゃいないのです。

そんな知ったかぶり隠居のインチキぶりが炸裂《さくれつ》する落語に「やかん」があります。

あらすじは……知ったかぶりのご隠居の所に八五郎が来ます。ご隠居は偉そうに「愚者《ぐしゃ》、愚者」と八五郎を小バカにするので、八五郎はここぞとばかりにご隠居をへこませてやろうと、あらゆる物の名の由来を聞き始めるのですが、持ち前のインチキぶりでご隠居はこじつけます。

魚の鰯（イワシ）は岩にシィーするから、鮪（マグロ）は群れをなして真っ黒で泳ぐから、ホウボウは方々泳ぎ回るから、コチはこっちに泳いでくるからなど。八五郎が「じゃあコチが向こうに行ったら何て呼ぶんです？」と混ぜっ返すと、「そんな向こうに行ったのなんか考えなくてもいいんだ」などと応対します。鯛（タイ）はめでたいから、そして鰻（ウナギ）は昔はぬるぬるしているのでヌルといったが、ある時、鵜《う》がヌルを呑み込こもうとしたが、長いので全部呑めず四苦八苦、鵜が難儀《なんぎ》したから、鵜難儀でウナギだなどという具合です。

談志の得意ネタでしたが、非常にこのご隠居の肩を持つような距離感で演出していました。

「一番大きな動物なんだか知っています？」

「知っているよ、ゾウだ」

「ゾウより大きな動物がいますよ」

「それは大きなゾウだ」

「いや、クジラですよ」

「バカ野郎、クジラは魚だ」

「違いますよ、あれは哺乳類ですよ」

「クジラが哺乳類なわけないだろ。魚屋で売っているから魚なんだ！」

このあたり談志一流の屁理屈、強弁なのですが、「クジラを哺乳類にカテゴライズした違和感」が観客の間に通底しているせいか、結構のウケ場となっていました。

落語のタイトルにもつながるのですが、後半に八五郎が「じゃ、やかんの由来は？」と問うて、オチへと一直線です。

「昔は、これは水わかしといった」

「それをいうなら湯わかしでしょ」

「だからおまえは愚者というのだ。湯をわかしてどうすんだ。水をわかして初めて湯になる」

「それじゃ、なぜ水わかしがやかんになったんです？」

「川中島の合戦《かっせん》の折、夜討ちを受けた武者が兜《かぶと》が見つからず、水わかしを代わりにかぶった。そこに敵の矢が当たってカーンという音がした。矢が当たってカーンで、やかんだ。蓋《ふた》はくわえて面の代わり、つるは顎《あご》へかけて緒《お》の代わり、やかんの口は、敵方の名乗りが聞こえないといけないから、耳代わりだ」

「耳なら両方ありそうなもんだ」

「ない方は、枕をつけて寝る方だ」

談志の場合、ご隠居のインチキぶりを暴こうと戦闘モードでやってきた八五郎（やはり彼はここでも喧嘩腰ですな）が、ご隠居の出鱈目《でたらめ》に乗るような感じで、「じゃあ、サバはサバサバしているからサバですか？」と合わせると、ご隠居も「お前もだんだんわかってきたな」と打ち解け合うのがとても面白いシーンとなっています。

談志はその常日頃の思想の根底に、**「西洋文明に基づいた知識なんてニセモノじゃないか。文明なんて所詮《しょせん》ハリボテに過ぎない」**というのがあるので、「やかん」のご隠居が談志そのもののように見えてくるのが爆笑を誘います。

中でも代表的なのが、「地球は丸い」と常識で攻める八五郎に「地球が丸いわけないだろ」とご隠居がかわす箇所です。「だって、地球儀って丸いじゃねえですか？」と八五郎がさらに常識的に訴えると「お前、文房具屋で売っているようなものを信じているのか⁉」と言う場面です。いつも爆笑でした。

「千早《ちはや》ふる」では「竜田川《たつたがわ》」を「江戸時代の相撲《すもう》取りの四股名《しこな》」と解釈したご隠居が八五郎を煙《けむ》に巻きますし、「つる」ではその名の由来が「唐土《もろこし》の方から雄《おす》の首長鳥《くびながどり》が一羽『つー』と飛んできて浜辺の松の枝にポイと止まり、後から雌《めす》が『るー』と飛んできて『つる』になったんだ」というメチャクチャなことを言います。

「ご隠居の知ったかぶりの珍解釈をどちらかというと上から目線で嘲笑《あざわら》う」という図式から、そんなにまでして無茶な解釈をしようとするご隠居に、聞く側の八五郎の方がいつの間にか寄り添うようなポジションになってゆくのが談志流「やかん」ではありました。

二〇二三年夏に上梓《じょうし》しました拙著『落語で資本論 世知辛い資本主義社会のいなし方』（日本実業出版社）では、「資本論も落語も、未来への予言書ではないか」というアプローチをしました。ともに人間のシステムエラーを描き切ったコンテンツであり、「過去」に成立したもので「現在」も受け入れられている内容ゆえ、だからこそ

「未来」にも当てはまるのではないかとの考えからでした。

「知識が善」という前提で文明は発達してきたが、結果として、東日本大震災の時の原発の爆発も含めて公害をもたらしただけではないのか。だからこそ、そんな**文明のアクセルに対して落語というブレーキがあるのではないか。**

最晩年の談志の「やかん」には、そんな主張が込められていたかのようにも思えてきています。

正しいと思ったことだけ考えていたら、
ほらみろ、つまずいちまうんだ。
たまにはいい加減に生きてみなきゃ。

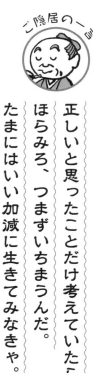

子供（亀吉・金坊）

親を手玉に取る「ちゃっかり者」

子供が出てくる落語が好きです。

古今亭志《し》ん生《しょう》師匠が、志《し》ん朝《ちょう》師匠が生まれた時に嬉しくって、ついつい「桃太郎」という子供が親をへこます落語ばかりやっていたという述懐《じゅっかい》を何かの本で読んで、とてもシンパシーを感じたものでした。

我が家も二人の息子を抱えています。おかげさまで長男坊は二〇二四年春に社会人としてのスタートが切れそうです。二〇二三年現在大学二年の次男坊は、私、カミさん、そして近頃ではなぜか二歳しか違わない長男坊からの三方向溺愛《できあい》攻撃を受けて、面倒くさそうな日々であります。

自分の部屋を片付けない次男坊ですが、あまりにもそれがひどいので、最近カミさんが久しぶりに入って大掃除を敢行《かんこう》したのですが、掛け布団《ぶとん》として使っていた羽毛布団は寝ている間に蹴飛ばすなどしたせいか、夥《おびただ》しい羽根が周辺に落ちていてとても難儀したそうです。呆れて「あの子、何とも思わないのかしら。あんな汚いところに身を置いて」と言ったので、すかさず私が「違うよ、その羽根はゆうくんの背中の羽根だよ」と言うと、さらに呆れ果てていましたっけ。かつて幼い頃「捨てられる壊れた冷蔵庫の後を追って泣いた天使」こそ次男坊なのです。次男坊が「天使」で、月を指差し「今日は火星もキレイだなあ」と言った長男坊が「天然」、私がずっと頭が上がらないカミさんが「天敵」という構図が我が家にはあります。

さて、子供の出てくる落語は数多くありますが、「雛鍔《ひなつば》」を挙げてみましょう。

あらすじは……植木屋の熊五郎がお屋敷で仕事をしていた時に若様が通り、天保銭《てんぽうせん》を拾って「これはお雛さまの刀の鍔ではないか？」と言っていたのを見て、「さすが高貴なお方だなあ、うちとは違うな」と帰宅後おかみさんに話します。息子の金坊も同じく八歳でしたが、いつも「銭《ぜに》をくれ」「おアシをくれ」とまとわりついて困らせていたのです。

「そういえば、あのバカはどこだ？」

「あんたの後ろで、話を聞いてバカにして笑ってるよ」

ちゃっかり後ろで聞いていた金坊、早速待ってましたとばかりに前へまわり、「遊びに行くから銭おくれよ」と両手を突き出します。呆れる熊五郎に対して見かねた母親が銭を渡すと、金坊は表に駆け出してゆきます。そこへお店《たな》のご隠居さんがやってきて、熊五郎がしばしの無沙汰《ぶさた》を詫びていると金坊がいつの間にか戻っています。

「こんなもーのひーろった、こんなもーのひーろった♪」

と言い、穴空き銭を振りかざして、「何だろうな、これ。真ん中に四角い穴が空《あ》いていて、字が書いてある。あたい、お雛さまの刀の鍔だと思うけど」などと最前のお屋敷の若様の受け売りをします。ご隠居は、金坊の言葉に感動してしまい、「カネの催促《さいそく》ばかりするうちの孫とは大違いだ。坊や、おじさんが銭……といっても知らないか。おじさんが坊やの好きなものを買ってあげよう。何がいい?」「どうもありがとう存じます。喜べ金坊。その銭は不浄なものだから、こっちへ寄越しな」「やだい。これで焼き芋を買って食べるんだ」。

この落語を筆頭に、子供の方が完全に親より上を行く言動で、それが笑いを増幅させる形で子供の出てくる噺は進みます。「母親があたかも不倫しているかのようなウソを交え、父親を騙《だま》してゼニをかすめ取る」のが「真田小僧《さなだこぞう》」ですし、「初天神」になりますと、逆に狡猾《こうかつ》に父親に甘えながら周囲の大人たちからの同情を上手に誘うようにして「団子《だんご》」を手に入れたりします。

落語はある意味、**その当時の江戸っ子たちの「願望」が描かれているもの**です。談志は「落語の定義は飢えと寒さ」だと言いました。「貧乏からの脱却」を夢見ている登場人物ばかりです。

だからいまでいう宝くじである千両富が当たる「宿屋の富」や、逆に当たってしまったばかりに難儀する小人物を描く「水屋の富」などのカネにまつわる噺や、「五升飲めと言われてどの程度かわからないので、試しに脇で五升飲んできた」と豪語する大酒飲みの「試し酒」、大食い勝負で腹いっぱい蕎麦《そば》を食べる「そば清《せい》」など、「こんなことがあってほしい」という夢が落語には描かれているものです。

当たる映画やテレビ番組の鉄則は、子供が出てくるものだとも以前聞いたことがあります。子供は次世代の入り口の存在です。口幅《くちはば》ったい言い方をすれば「希望の象徴」でもあります。そこに子供がいるだけで微笑《ほほえ》ましく感じるのは、そんな理由からだと思います。「子別れ」は、別居していた父親と母親のよりが戻る噺ですが、そのキッカケを作るのは金坊の無邪気な言動です。

「子供には、こんな具合に振る舞ってほしいなあ」という落語作家や落語家が、その思いを反映させたのに違いありません。無論それは当時の大衆の願いそのものであったでしょう。その積み重ねが落語の命脈を保ってきたのです。

そして、**「子供は親とは真逆に育つもの」ではないか**と私は確信しています。「子別れ」の金坊は父親の熊五郎が酒と女に明け暮れて家を出ていき、母親と貧しい暮らしを送ったので、苦労している母親をそばで見つめて、「自分は絶対父親のようにはならない！」と幼い胸に刻んだはずです。「厳しい家計の中で母親が工面して学校に行かせてくれている」という場面も出てきますので、父親である熊五郎とは真逆の人生を歩むのではないでしょうか。そして夫婦がもとのサヤに収まり、また家族水入らずで生活し始め、熊五郎の優しさにも触れることになるのですから、ますますいい環境になるのではと推察します。

きっと上の学校にも上がり、将来的に公務員やサラリーマンなどの固い職業に就くのではとさらに予想します。すると、今度は、その反動でその家庭で育った子供は幾分ハネっ返りにもなり、「親父はマジメすぎる！」などと言って、芸人などになるのではと無邪気な想像をここまでして、改めてふと気が付きました。

この、未来の金坊の子供こそ、実は私そのものではないのか――と。

すでにお話ししたように、母方の祖父は大工でした。職人の世界の辛さを思い、その愛すべき長女には定期的にきちんとおカネがもらえるサラリーマンの亭主をとの思いでお眼鏡《めがね》にかなったのが私の父親でした。そんな堅物《かたぶつ》の父親の生き方に反発するかのように私は三〇年以上前に落語家になり、私には直接の反発はさほどなかったと思える長男坊は、いま堅気のサラリーマンになろうとしています。まさに「子供は親とは真逆を行くもの」なのでしょう。

さらに大いに笑えるのが、私の場合、「親父みたいに不器用に同じ会社に四〇年も俺はいるもんか。もっと要領よくスイスイ行く」つもりで落語家になったのですが、談志のもとで九年半もの前座修業をやることになり、気が付けば「親父譲りの不器用さ」はしっかり受け継いでいたということなのです。

子供は、父親とは反対の道を歩んでゆくようで、その実似通っている。

これはもしかしたら、私の家のみならず人類の普遍的共通性なのではとすら思います。「隔世遺伝《かくせいいでん》」というのは、こういうことを指しているのかもしれません。

我が子を始め、次世代の未来はこうなってほしいと描かれた落語の亀吉や金坊などの子供たちは、その後成長してどんな大人になっていったのでしょうか。

きっと「反発」と「揺り戻し」の中、父親、祖父、ご先祖さまと振れ幅を描きながらも似通った形質が受け継がれていったのではないでしょうか。

そんな緩《ゆる》やかで大きな、なんとなく笑える人類の営みの中に落語は四〇〇年近くにわたって生き長らえているのです。そう思うと、それを継承する端くれではありますが、やはり襟《えり》を正したくなるような気持ちも芽生えてくるから不思議です。

先日、長男坊が就職内定の報告で私の故郷の上田を訪れました。私の高齢の母親も手放しで喜んでいたとのことでした。「父親や祖父らが眠る墓前に手を合わす長男坊の写メ」を上田の弟から送ってもらったのですが、思わず涙がこぼれてきました。こうして思いはつながってゆくのでしょう。ご先祖様、倅の行く末を優しく見守っていてくださいね。

心配ねえよ、親には似ねえから。どっちかというと爺さんに似るかもね。

第二章

商家の面々の思惑と計算

前説

サラリーマンに通じる「調整型」人生設計

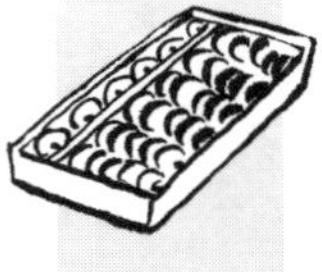

「士農工商」という身分制度では、一番下にランクするのが「商家」であり、それに属する「商人」であります。

「へいへい、身分制度では一番下で結構でございます」とばかりに、縞《しま》の着物を着こんで店の前掛けをつけて頭を下げているという、一番へりくだっているようなイメージがありますなあ。ところが腹の中では「損して得取れ」と、特に幕末近くになるとトップのお武家階級におカネを貸したりするなど、存在感としては侍《さむらい》以上でもあり、それが幕府崩壊にもつながってゆきました。

「商」のカテゴリーにいる人たちは、「工」のランクの職人階級とは好対照。職人連中が「喧嘩っ早い」のとは真逆で、「争いごとを未然に回避する」ことに重きを置いていたような感じがします。この章で取り上げる「大旦那」「若旦那」「番頭」

「甚兵衛」「定吉」「権助」の中で、気が短そうなキャラは一人もいません。職人が自分の腕を磨くという「自己完結型」人生設計であるのに対し、同じような徒弟制度的ヒエラルキーではありますが、「コミュニケーション」を重視して、小僧→手代《てだい》→番頭→大番頭→主《あるじ》と順に周囲に合わせて出世してゆくという「調整型」人生設計であるから「短気は損気」とわきまえていたのでしょう。

これはまさに、明治以降にこの国の主流を占める「サラリーマン型」人生設計の根幹なのかもしれません。

かような江戸時代における「商家」のような人間関係は、いわば明治以降のための「トレーニング期間」に相当していたはずで、これをベースに日本が本格的に資本主義国家の仲間入りを果たすことができたともいえると思います。

私も落語家になる前は三年ほどサラリーマン生活を送っていましたが、特に新入社員時代の研修期間に私の担当だったトレーナーは、それはもういまでいうパワハラそのもののような人で難儀したものでした。その日の機嫌で怒鳴られるのは日常茶飯事《さはんじ》でしたっけ。いや、あの頃パワハラという言葉すらなかったのが、かえって幸いしていたかもしれません。

ま、いま振り返ると「会社員時代の尊敬できない人からの仕打ちにも俺は耐えられたんだから、談志という尊敬以外にない人からの無茶ぶりの向こうにはきっと明るい未来があるはずだ」という気持ちになれたことは確かです。そしてあれから三〇年以上経ちましたが、SNSでは過去に出会ったそんな人たちともつながってい て、あの頃の思い出でイジることもできています（一番性格の悪いのは私だったのかもしれません）。

落語に登場する「商人」たちの素顔に触れて、彼らのホンネに耳を傾けてみましょう。サラリーマン的な組織にいる人にしてみれば福音《ふくいん》のような陰の声が聞こえてくるかもしれませんよ。組織に身を置くことの辛さには、過去も現在も未来もないはずですから。

大旦那

物知りでしっかり者、良識ある大人の鑑

落語に出てくる「大旦那」といえば、店は倅《せがれ》に任せて後は好きなことに身を投じているようなイメージがあります。「寝床《ねどこ》」では「義太夫《ぎだゆう》」という語り芸に凝《こ》ってしまった大旦那が出てきます。

就職試験を前に控えた大学四年の夏でした。当時落研《おちけん》（落語研究会）に所属していた私でしたが、「慶應名人会」と大それたタイトルのもと、四年生が落語会を開く習わしがありました。その頃副代表だった私がトリを務めることになり、選んだネタが「寝床」でした。

談志の「寝床」を覚えようとしましたが、これは難しすぎて、ギブアップしました。その時たまたまイイノホールでの落語会に足を運ぶと、桂米助《かつらよねすけ》師匠が「野球寝床」という「寝床」の改作バージョンを口演《こうえん》していました。「大旦那」を「ロッテの

社長」という設定に焼き直し、その頃は観客が少ないことで有名だった川崎球場での野球の試合に凝ってしまうという展開に刮目《かつもく》しました。

オリジナルでは、店子に義太夫を聞かせたい大旦那が「豆腐屋はどうした」と番頭に聞くと、「がんもどきを作るのに大変で」などと「いかに大旦那の義太夫を断るか」が笑いのポイントになる流れですが、米助師匠はロッテの下部組織である「ロッテリアの店長はどうした?」と社長が聞くと、「いやあ、ハンバーガー作りが大変で川崎球場には来られません」と見事に古典落語をトレースして演じていたものでした。

「これだ!」とばかりに、私は落語の「寝床」における大旦那を「ヤクザの組長」にしてみました。そして、その組長が、当時おかしな口調が一部でモノマネされていたNHK「青年の主張」に凝ってしまうという形を思いつきました。

組長が「テキ屋はどうした?」と聞くと、間に入った子分は、「テキ屋は明日が西新井大師の縁日でたこ焼き作りに必死なんです」などと、「寝床」のパロディを作ってみました。

観客の反応も非常によく(友人しかいないのでほぼ内輪受けだったのですが)、そこで勘違いしてしまい、そのライブ録音テープを「立川企画」に送りつけてしまう暴挙に出ました。

ただその暴挙に対して、当時談志のマネージャーをやっていた実弟の松岡由雄《よしお》さんは優しく受け止めてくれて、「君、よかったら一度うちの事務所に遊びに来ないか」などと誘いの電話を直《じか》にいただき、そこで談志のファンクラブ的立ち位置だった立川流Cコースに入会することになりました。

当時はサラリーマンになりたての頃だったでしょうか。事務所に挨拶《あいさつ》に行くと「一度師匠に挨拶に来なさい」と言われ、大田区での談志独演会に出向き、終演後、由雄さんから談志に紹介してもらうことになりました。「あの談志に直に会える！」。もう夢の中にいるようでした。

つまり、いま振り返るとこの「改作寝床」こそが談志の弟子になる第一歩となった落語だったのです。

自分の独演会の舞台袖に、慣れないスーツに身を包んだオドオドした目線の若いサラリーマンがいれば、それはそれは目立ちます。高座《こうざ》から下りてきた談志は、挙動不審な私に怪訝《けげん》そうな一瞥《いちべつ》を投げかけました。

そこで由雄さんが、手際よく「師匠、この度Cコースに入った青木君です。あの『寝床』を面白く変えてきた子です」と言うと、一瞬にしてファンを見つめる目で私を見つめ返し、「お、『寝床』か、いいね」と相好《そうごう》を崩《くず》しました。

いまあの頃の思い出を振り返っていますが、駆け出しの小僧のような自分に向けたのは、あの鬼のような高座姿とは真逆の笑顔でした。ここで「受け入れられた」とさらに勘違いしたことが、弟子入りを決定づけたのです。実際の入門はその三年後になりますが、あの時の談志の屈託のない笑顔で、あの頃抱えていたサラリーマン時代の辛さが緩和されたのは確実でした。

改めて思います。私と談志との距離感は、「弟子と師匠」であると同時に「番頭と大旦那」のような感じだったと。そんな「番頭と大旦那」とが描かれた名作に「百年目」という大ネタがあります。

長年大店に勤めている番頭の治兵衛はもう一歩で店を持たされる「一人前の旦那」というランクにまで来ていました。だからこそしくじりがないように今日も今日とて細かいことで口やかましく奉公人を叱《しか》りつける毎日でした。

が、番頭は表では謹厳実直の堅物そのものの印象で通っていたものの、裏に回れば実は大変な遊び人でした。季節は花見時分。「得意先廻りに行ってくる」と店の者にウソをついて出かけると、贅沢《ぜいたく》な衣装に着替えて、大川（隅田川）へと向かいます。屋形船に乗って馴染みの芸者・幇間《ほうかん》をあげて、その後は向島土手《むこうじまどて》に上がってどんちゃん騒ぎを始めます。

ちょうどその時、たまたま店の大旦那が馴染みの医者を連れて花見に来ていたのです。酔っ払ってしかも目隠しをされた番頭が、大旦那に近づきその肩を摑《つか》みます。番頭は仲良くしている幇間を捕まえたと確信し、目隠しを取るとそこにいたのは絶対会いたくないはずの大旦那でした。

番頭は即座に土下座《どげざ》し、「長らくご無沙汰をいたしました」と言います。大旦那は「この人をあんまり酔わさないように」とオトナの対応をして去っていきます。

一気に酔いが醒《さ》め、しでかしたことの大きさにショックを受けた番頭はそのまんま店に戻り、二階の自分の部屋に籠《こも》って布団をかぶります。「もはやこれまで。自分に対する大旦那からの信頼は一気に地に堕《お》ちた」と、まんじりともしないまま朝を迎えます。

翌日、番頭は大旦那に呼ばれます。「クビ」を覚悟していたのですが、大旦那は意に反して、普段の番頭の働きぶりをねぎらいます。そして、昨日の花見での失態に触れます。「もはやこれまで」と思った番頭でしたが、大旦那は優しい口調で「あんな大きな遊びをしているからには、うちの店の帳面にも使い込みなどの大きな咎《とが》があるかと思って目を皿のようにして何度も見返してみたがまったく落ち度はなかった。当初は使い物にならなかったお前さんが立派な商人になったなあと、私は嬉《うれ》しくて涙が出てきた。今年中には必ず店を持たせるから、もう少し辛抱《しんぼう》しておくれ」と肩を叩《たた》きます。

大旦那の器の大きさ、おおらかさに番頭が涙ぐんでいると、大旦那が「そういえばあの時、私に向かって『長らくご無沙汰をいたしました』と言ったが、いつも顔を合わせているのになぜあんなことを言ったんだい」と問います。「日頃マジメで通っている私があんな無様な姿でお会いしたものですから、『ここで会ったが百年目』と思いました」。

三遊亭圓生《さんゆうていえんしょう》師匠の名演が光る「百年目」です。ぜひＹｏｕＴｕｂｅでご覧いただければと思います。

この落語は、談志が生涯やらなかった噺でした。晩年の風情を思うと談志の「百年目」を聞きたいなと何度も思ったものでした。前座の頃のしくじりだらけの私は本当に使えない前座でした。何度か謹慎を言いつけた談志でしたが、クビという最後通《つう》牒《ちょう》を出すことなく、真打ちにまでしてくれました。「本当に耐えたのはあなたではなく、談志師匠」というウチのカミさんの名言の通り、十分すぎる大旦那の貫禄がありました。ま、理詰めで処理できない「照れ」があったのでしょう。

ところで――。

この**大旦那の振る舞いが感涙とともに令和の観客にも受け入れられているのは、いまの社会環境が「不寛容」だから**なのかもしれません。裁き合うような世の中だから余計にこの落語が求められているのでしょう。いつの世も大衆は落語に限らずフィクションに対しては、現実からの逃避を求めるものです。

それにしても、なぜこんな大旦那のようなキャラクターが醸成されたのでしょうか。

思うに、この大旦那も実は若い頃、この番頭にも負けないぐらいの遊び人だったのではと私は思っています。「自分もあの時、当時の大旦那に大目に見てもらった」という「経験」があったからこそ「寛容」になれたのではないでしょうか。

もしかしたら大旦那は心の中で、「私の若い頃はもっと派手に遊んだもんだ」という思いを抱いていたのかもしれません。

人間は、自分が経験していないことに関しては狭量《きょうりょう》になりがちです。未知の世界に対してはそうならざるを得ないものです。逆に前座のしくじりに対して先輩落語家がおおむねおおらかに対応できるのは、その先輩落語家も前座期間を経験しているからであるともいえます。そういう意味では、「本当の情報は経験のみ」なのかもしれません。

気が付けば私も二〇二三年の秋に五十八歳になりました。もうほぼ還暦です。自分が入門した当時の談志の年齢を優に超えました。大旦那と呼ばれてもいい年代なのですが、いまだに了見は番頭そのもののような感じがして、ただただ恥じ入るのみであります。

許してやれよ。
世の中それほどたいしたことないんだから。

若旦那

放蕩息子なのに憎めない色男

落語の中の若旦那は「苦労知らずのスーパー遊び人」としてたくさんの噺《はなし》に出てきます。そのキャラクターを際立たせるためか、相反する性格のキャラが登場します。それは父親である堅物の大旦那だったり、あるいはその遊び人風情を強調するかのような若旦那の懐《ふところ》のカネ目当ての幇間の一八《いっぱち》（第五章で取り上げます）など、ある意味「若旦那は対比的に描かれる存在」なのかもしれません。

基本的には「遊びすぎて親元を勘当になる」という点はほぼ同じ展開なのですが、「明烏《あけがらす》」というネタはその手前の段階の若旦那が出てきます。

あらすじは……大家《たいか》の若旦那の時次郎は、遊びはおろか部屋の中で『論語』などの本ばかり読んでいるような堅物でした。そんな超マジメぶりを懸念していたのが父親である大旦那でした。「後を継ぐべき者が吉原も知らないと、商人として困る」と、町内の札付きでもある遊び人の源兵衛と多助に「カネは出すから時次郎を吉原に連れていって一緒に遊んできてくれ」と懇願します。「吉原＝恐いところで病気がうつる」などと盲信する時次郎を、「お稲荷様《いなりさま》にお籠《こも》りしましょう」と誘い出します。時次郎はその言葉を素直に信じて、吉原の大店《おおだな》に連れていかれます。遊廓《ゆうかく》＝神主《かんぬし》の家、女主人＝お巫女頭《みこがしら》、見返り柳＝ご神木《しんぼく》、お茶屋＝巫女の家だとの説明を真に受けて店に上がってゆきます。

そして美しい花魁《おいらん》に遭遇し、ここで二人の説明がウソだとわかった時次郎は泣きながら逃げ出そうとするのですが、「大門《おおもん》には見張りがいて、勝手に出ようとすると捕まっちまいますよ」と脅《おど》され、嫌々花魁と一夜をともにすることになります。

翌朝、源兵衛と多助はどちらも女に振られてふてくされています。面倒な時次郎を押し付けられただけのつまらない夜となったのです。逆に、時次郎は一夜にして花魁の魅力にすっかりはまってしまいました。また花魁も時次郎のウブなところに惚れてしまったようで、布団の中で時次郎にしがみついています。呆れかえった源兵衛と多助が一足先に帰りますよと告げると、時次郎は「勝手に帰ってごらんなさいよ、大門で捕まります」。

ウブな若旦那と、その堅さを柔らかくしようとする父親のおおらかさと、その間で翻弄《ほんろう》される二人の札付きがユーモラスに描かれた一席です。いわば若旦那の「第一歩」物語であります。

これに味を占めたのでしょうか、父親及びご先祖が築いた経済的資本をバックにとことん遊び呆《ほう》ける若旦那が描かれてゆきます。そしてとうとう父親の逆鱗《げきりん》に触れ、「出ていけ！」と言われると、どこ吹く風とばかりに「結構ですよ。お天道《てんとう》さまとコメの飯はどこに行ってもついて回りますから」という迷言を吐いて親元から去ってゆきます。

勘当された若旦那が、銭湯の番台になって妄想《もうそう》一人コントをするのが「湯屋番」ですし、船頭になって乗客をパニックに陥れるのが「船徳」、紙屑屋《かみくずや》に働きに行くのですが音曲《おんぎょく》を思い出して仕事にならないのが「紙屑屋」です。

いずれも、ずっと相も変わらない若旦那のまんまのバカバカしさで終わる落語ですが、異彩を放っているのが「唐茄子屋政談《とうなすやせいだん》」です。

こちらの若旦那は「徳三郎」「徳兵衛」として登場します。

あらすじは……道楽が過ぎて勘当された若旦那が、誰も面倒を見てくれなくなり、思いつめて吾妻橋《あづまばし》から身を投げようとしているところを親戚の叔父《おじ》さんに止められるところから始まります。「なんだ、徳か。お前なら助けるんじゃなかったな」と言うところがウケる場面であります。若旦那は心を入れ替え、唐茄子《かぼちゃ》売りを仕込まれて売りに出ます。炎天下苦労しながら売りに歩いてゆくと、下町の人情に触れ、すべて完売となり、行きついたのが吉原田圃《たんぼ》。ここで昔を思い浮かべて唄を歌います。

ここまでを（上）として大概は切り、その続きが（下）となります。

若旦那は裏長屋で女に呼び止められ、残った唐茄子を売ろうとするのですが、貧困ぶりに驚き、弁当と売り上げ金をすべて渡して帰ってゆきます。若旦那は叔父の家に戻り、売り上げ金がないことを突かれると、今日の出来事を洗いざらい伝えます。叔父が若旦那とともに女の家へと向かうと、騒然としていました。渡したカネは因業大家に家賃の一部として取り上げられ、女はそれを苦に親子心中をはかった後だったのです。

怒り狂った若旦那は大家の家に飛び込んで大家を殴ると、長屋の住民もそこへ加勢して大騒動となります。そして奉行所の裁きの結果、大家は厳しいお咎《とが》めを受け、母子は治療を受け回復し、若旦那の叔父の長屋で暮らすようになります。若旦那は母子を助けたことで奉行所から褒美をもらい、実家の勘当も解かれ、さらにはのちに商人として成功します。

助けられた貧しい母子の命が救われるところが「救い」となる点が異なるだけで、「人情八百屋」と似たストーリーです。実際八百屋さんが貧しい一家を救う行為は、そこそこ頻繁に見られたのかもしれません。

公的支援という概念がなかった江戸時代の人的サポートの理想が短編映画のように描かれている「人情八百屋」は、ビートたけしさんも口演するほどのお気に入りです。江戸っ子らしさが横溢《おういつ》する格好での名演、ＹｏｕＴｕｂｅでぜひご覧くださいませ。

さて、この若旦那、何かに似ているなあとふと思っていたら、**これは世界における日本の立ち位置**ではないかと感じています。

「親から譲り受けた財産がある」「世間知らず」「頼りない」「周囲の激しいキャラの者たちに振り回されている」「発言力がない」などなど、「世襲の政治家」そのもののように見えてきませんでしょうか？

国際社会を「町内の商店街」に置き換えてみるとさらによくわかります。アメリカは「先祖が保安官のハンバーガーショップのオーナー」といったところでしょうか。中国は「気難しい硯屋《すずりや》」といった風情でしょう。ロシアは「昼間からウオッカを飲んでいる大酒飲みの酒屋」で、韓国が「映画好きなキムチ屋」で、北朝鮮が「そのキムチ屋と仲違《なかたが》いしている分家のキムチ屋」といった感じの中、日本は「親の財産を譲り受けた金持ちの和菓子屋」ではないでしょうか。そして、「ロシア酒店」と隣の「ウクライナ料理専門店」とが土地の境界線をめぐってもめている中、「北のキムチ屋の倅」が改造ピストルをこしらえてしまって、いまのところ迷惑が掛からないようにこっそり試し打ちをしているという……。

いやはや、こうやってみると世界の情勢が手に取るようにわかる感じですよね。「和菓子屋」たる日本はいつも商店街の会合では発言力もなく、アメリカ「ハンバーガー屋」が毎度言う「俺の言う通りにしていれば大丈夫」という昔からの言いつけを守っているだけの弱い立場なのです。

かつての日本「和菓子屋」は先代の親父や祖父がイケイケで、中国「硯屋」や、北朝鮮・韓国「キムチ屋」にはかなりの迷惑をかけてしまっていて、北朝鮮と韓国に分かれてしまった原因ももとはといえば日本「和菓子屋」のせいなのです。さらにはそれが遠因となり、北朝鮮と韓国との間で火事が起きてしまったのですが、現場検証に来た消防士や警察官にそこの和菓子が売れて儲《もう》けてしまったという「過去」を思い浮かべれば、東アジアは一筋縄ではいかないこともなんとなく理解できるのではないでしょうか。

ここまでくるとまるで落語ですよね。若旦那の日本はやはり右往左往しながら上手に生き抜いてゆくしかなさそうです。

落語のキャラクターが前提となれば、国際情勢までわかるという見本かもしれません。

若旦那の一言

私を世間知らずと言う人って、
本当に世間を知っているのかなあ。
世間知らず、いいもんですよ。

番頭

マジメで堅物だけど、ちょっとスキがある

番頭さんが出てくる落語には「いよ、中間管理職！」と大向こうから声をかけたくなります。かつて自分がサラリーマンをやっていたからこその共感かもしれませんし、いま五〇代後半という年代がまさに社会における「中間管理職」的ポジションそのものでもあるからでしょう。

最前出てきた「百年目」では、大番頭が上の大旦那と下の小僧たちに挟まれていて、その立ち位置が見事に中間層であります。「奉公人たちの箸《はし》の上げ下ろしにも厳しい」という怖い立場から、実際は「超絶遊び人」の風情というか、そのギャップこそ本分とばかりに描かれています。

ここが実際演じていて難しいところでもあるのですが、ともすれば「マジメ人間の裏の遊び人」という短絡的な演出ですと、その差は結果としてとても嫌味な人物像にな

ります。「マジメなふりをしている人」という側面のみが浮かび上がってくるからです。

やはりベースには「真っ正直で堅い人」という芯の部分がしっかり描かれるべきなのです。そしてここが一番肝心なのですが、その「真っ正直で堅い人」という根っこの部分をおおらかに悟っている大旦那が、きっちり見届けているという構図がないとやはり時代を超えた人情噺にはならないのです。

つまり、どっちが基本の姿かというと「遊び人」のほうでは決してなく、「マジメに働いている人」のほうなのです。そうでないと社会は成り立ちません。だからこそ「実は裏で遊んでいたことが旦那に知られてしまった」時に落ち込むのであり、夜も寝られないでいる描写が聞いている観客の心を打つのです。

さらにいうと、この落語を聞いていていいなあと思う人こそ「マジメ」なのであり、これが長年受け入れられ続けてきているということは、日本人の大多数を占める中間層はやはり基本的に「マジメ」なのでありましょう。

「マジメで時折そそっかしい」

いわばバランス感覚あふれる番頭さんのキャラクターが存分に発揮されるのが、「柳田格之進」であります。柳田については第三章で触れますが、この噺での番頭は

「徳兵衛」という名前で出てきます。

「柳田格之進」は堅物の浪人・柳田が主人公となる人情噺ですが、打ち解けたのが碁《ご》仇《がたき》でもある大家の萬屋《よろずや》の主、源兵衛です。ある時徳兵衛が大金の掛け金を預かって店に戻ると、源兵衛と柳田が離れで碁に興じていました。その最中、野暮《やぼ》は承知で、旦那に預かった掛け金を渡しに徳兵衛が離れを訪れます。ところが翌日帳面を見るとその大金は入っていません。源兵衛に確認を取るのですが、「昨日の碁は白熱していた」として、徳兵衛が掛け金を持ってきたことはおろか離れにやってきたことすら覚えていないと言います。

ここで徳兵衛が「念のために昨日の様子を柳田様に聞いてみましょう」と提案をすると、源兵衛は烈火のごとく怒ります。「商《あきな》いの上のことだから柳田様は関わり合いがない。そんなことを一言でも申してみろ。柳田様は自分が疑われたと思ってしまうほどのお方だ！」と、ここで私は源兵衛が怒りの矛先《ほこさき》を徳兵衛に向けて、「お前が長いこと番頭止まりで店を持たせてもらえないなど、出世が遅れているのは、そこだ！余計な一言があるからだ！」となじる演出にしています。

ここで、徳兵衛に「なぜこんなに頑張っている自分には目もくれないで、近頃はよそ者のような柳田様ばかりに気を配っているのか」というジェラシーを起こさせ、「昨日の離れの様子を聞きに行くだけなら大丈夫だろう」という気持ちのもと、翌日柳田宅を訪れます。案《あん》の定《じょう》、カネを盗んだ嫌疑をかけられたと思い込んだ柳田が自害しようとする……という展開にして演じています。

「百年目」の治兵衛の「花見の席での乱痴気《らんちき》騒ぎぶり」といい、この「柳田格之進」の徳兵衛の「昨日の出来事を聞きに行く姿」といい、「肝心なところでの気の緩《ゆる》み」こそが番頭さんの持ち前といえば持ち前なのかもしれません。

いまや放送禁止となってしまっている「おかふい」という落語での番頭さんは、堅物なのに吉原での遊びが過ぎて悪い病気をもらってしまい、鼻が取れてしまう設定になっています。共通するのは、要するに「スキ」なのです。

ここからは持論です（いや、この本すべて持論といえば持論なのですが）。

人間の魅力は「スキ」から噴出してくるのではないでしょうか？

あくまでも仮説ですが、魅力的な人にはすべて「スキ」があります。頭脳明晰《めいせき》ですべてロジカルで分析できると日頃から豪語し、機嫌のいい時は弟子には「何か悩みある奴はいいねえか？　分析してやるぞ」と、談志がよく言っていたものでした。あの頃はその時抱えていた悩みなぞ打ち明けたとしても「その程度か」と逆に怒られそうな気がして自主規制してしまったもので、いま考えるともっと甘えておけばよかったなと述懐するのみですが、そんな完璧《かんぺき》にも見えた談志は実は「スキ」だらけでした。

よく言っていたのが「俺はそそっかしいんだ」という言葉でした。

「そそっかしい」というのは、「一を聞いて十を知る人」のある意味バグ（意図しないエラーのようなもの）でしょうか。「そのあたりまでわかっているんだったら、そこから先はきっと大丈夫だろう」と即座に判断してしまうキライがありました。

私が真打ち昇進の際に雪駄《せった》タップで挑んだ時もそんな感じでした。「そこまで俺の好みがわかっているんだったら、いいだろう」という「そそっかしさ」で下駄をはかせてもらえたのかもしれません。その時点では見えなかったモノに対して「先付け小切手」的に評価をしてもらえた感じだったのは事実です。無論「俺にそんなバグを起こさせた当時のお前がエライ」と言ってくれるかとは思うのですが、「こいつはよくやっている」と思わせたら勝ち、というのが真打ち昇進の基準でもありました。

逆に、前座の頃の私はしくじりに次ぐしくじりだらけで、「こいつはドジな奴だ。きっともっとこの先ドジなことをやらかすに違いない」という未遂のしくじりに対してもよく怒られたものでした（笑）。これも談志のある意味、「そそっかしさ」「思い込みの激しさ」でもあります。

「そそっかしい人」はそれだけ「頭の回転の速い人」でもあります。談志を見てもおわかりのように、「そそっかしさ」という「スキ」は魅力的でもありました。だからこそそそっかしい人しか出てこない談志の「粗忽長屋」は絶品だったのです。

話は変わりますが、以前「どうして私はモテないのでしょうか」という相談を受けたことがあります。その女性は容姿端麗、頭脳明晰、性格も優しく、仕事もできるし、運転も上手《うま》いという「完璧な女性」でした。

私は、「いや、あなたには『スキ』がないからですよ」と答えました。「逆に、笑い方を大げさにするとか、運転できないと宣言する、料理だけは苦手とか、案外空気読めないなどの一か所だけ『スキ』を作ってみたらどうでしょうか」と伝えました。

男性はそんな「スキ」をチャンスと読み替えるバカな生き物なのかもしれません。そしてそこに自分の「居場所」を見出《みいだ》そうとする涙ぐましい存在でもあります。「自分がそばにいてあげることで、その『スキ』を埋められたら」と妄想するのが男なのですもの。

どこまで役立ったかわかりませんが、その後しばらくして幸せな家庭に恵まれているという年賀状が届きました。

「スキ」が魅力なら、そんな「スキ」ではなく「完璧さ」を求める窮屈な社会こそがいまの世の中なのかもしれません。そして「中流階級の脆弱《ぜいじゃく》さが社会の弱点」などと叫ばれて久しいのも、きっと病巣《びょうそう》はそこにあるのではとすら思います。

「スキ」は伸びしろでもあり、ポテンシャル（可能性）でもあります。無論、「マジメ」こそ基本ですが、それによりかかりすぎることなく「スキ」も持ち合わせられたらなあと還暦近くなっても願う日々です。

番頭さんから「スキ」を学びましょう。それには「スキ」を愛することです。「スキを好きと言える社会」、目指しましょう。

番頭さんの一言

基本マジメに生きること。
そして少しのダメさ加減を大事にしましょう。
お互いのために。

甚兵衛

お人好しで恐妻家。結構幸せな人

「大好きな落語家は誰ですか？」とよく聞かれます。

無論、師匠談志なのですが、師匠以外はというとやはり古今亭志ん生師匠でしょうか。ご存知、志ん生師匠は、桂文楽《ぶんらく》師匠と並んで昭和を代表する落語家です。談志は、志ん生師匠が大好きでした。

私の真打ち昇進披露パーティで談志に向かって「師匠、長生きしてください！」と言った時に、「俺も自分の真打ち昇進のパーティでは、志ん生師匠にそう言ったんだ。俺もそんなことを言われる年になったんだなあ」と感慨深そうにしていたのを思い出します。師匠はその時六九歳、亡くなる六年前のことでもありました。

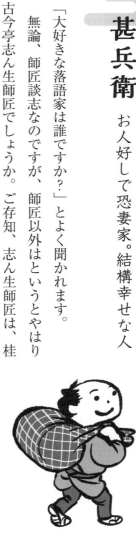

志ん生師匠は生き方そのものが落語のような伝説の人でした。

「ヘビから血が出て、へーびー血ぃ出ぃー（ＡＢＣＤ）」というぶっ飛んだナンセンスギャグや、落語の中で、首を傾《かし》げている人に「何、首を傾げてんだ、この『蓄音機の犬』！」という当時ビクターの登録商標である「犬が首を傾げているイラスト」を持ってくる「見立てのうまさ」など、爆笑をさらった大名人でした。

そんな志ん生師匠の十八番に「火焔太鼓《かえんだいこ》」があります。

あらすじは……古道具屋の甚兵衛は、お人好《よ》しを絵に描いたような人でした。呑気でお調子者で、「世の中をついでに生きている」ような商売下手《べた》でしたが、それを支えているのが、しっかり者の女房です。

ある日、甚兵衛は古く汚い太鼓を仕入れてくると、今日も女房の小言でした。「こんなもの売れないよ」「うるせえな、売れるよ。定吉、ハタキをかけろ」。丁稚《でっち》の定吉が甚兵衛に言われて表でハタキをかけていると、侍がやってきて、「音が聞こえた太鼓を屋敷に持ってくるように」と言って、去っていきます。お殿様である赤井御門守が太鼓に興味を持っていて、珍しい音だったのでぜひ見てみたいとのことでした。

甚兵衛は喜ぶのですが、女房は「こんな汚い太鼓とは想像していないから、実物を見れば売れるわけはない。むしろ怒りを買うに違いない」と言って脅《おど》します。

女房のセリフを真に受け、おどおどしながら甚兵衛が屋敷に太鼓を持参すると、それを見たお殿様はたいそう気に入り、買いたいと申し出ます。太鼓に詳しいお殿様によると、この太鼓は、火焔太鼓という名宝とのこと。そして、売値はいくらかと家来に聞かれて、仕入れ値を言うつもりが話が進み、なんと三〇〇両に決まります。ニコニコしながら店へと帰ってきた甚兵衛でしたが、三〇〇両で太鼓が売れたと女房に報告しても、信じてもらえません。甚兵衛がここぞとばかりにその証拠の小判を積み上げ始めると、ようやく女房もそれに気が付き、甚兵衛を誉《ほ》めながらへなへなとなってしまいます。

「音が出たから耳に留まったんだ。やはり音の出るものがいいな。次は火の見櫓《やぐら》の半《はん》鐘《しょう》にしよう」と言うと女房が、「半鐘はいけないよ、おジャンになるから」。

商売っ気のない夫婦がラッキーな目に遭うハッピーな噺であります。ところどころ志ん生師匠の女房観というか女性観が出てくるのが、なんともいえず微笑ましいものです。中でも大金を懐に抱えて喜びながら家に戻る道中の、「男のバカと女の利口は、つっかう（つり合いが取れる）」という甚兵衛のセリフが大好きであります。

志ん生師匠の優しさがにじみ出ているような気分に接して、こちらも思わず笑《え》みがこぼれてしまうのです。

甚兵衛は「火焔太鼓」のみならず、ほかのいろんな落語にも出てきます。

「加賀の千代」や「鮑《あわび》のし」では、やはり賢い女房がいて、その入れ知恵でおカネを借りてくる情けない役どころです。「熊の皮」では、尻に敷かれた女房に「お礼の口上」を教わって赤飯をくれた医者の家に出かけてゆくのですが、しどろもどろになってしまいます。挙句《あげく》、熊の皮を指さし、「随分と毛深いですが、何に使うんですか」と聞き、「熊の皮だ。尻に敷くんだ」と言われ、そこで初めて女房を思い出し、「あ、女房がよろしく言っていました」というオチへとつながります。

これらの落語を聞くと私、実は我が家とついつい比べてしまいます。

前座修業突破に九年半もかかるような不器用な私と違って、カミさんはやはりしっかり者なのです。私は車の運転もできません。かつてサイドブレーキがかかったまんま高速道路を走り、修理代に数万円かかったことがきっかけでいつの間にか運転はしなくなりました。いまは子供二人が免許を取ってシャカシャカ運転し始めましたので、私の立場は悪くなる一方です。二人の子供が小さい頃は私も忙しく、泊まりがけの仕事が続いて、基本「ワンオペ育児」でありました。

つまり――。「ほぼ完璧に物事をこなすカミさん」に対して「仕事以外は何もできない私」を、息子二人がおちょくるという構図であります。が、自分で言うのはとても照れますが、そこが家庭円満のもとなのかもとふと気づきました。

前項で「スキ」について書きましたが、私が「スキ」だらけだからでしょうか。運転を始め**何をやらしても不器用だからこそ、家庭内において謙虚に生きざるを得ません。**

世のご亭主が遅くまで毎日仕事をしながら、土日は家庭サービスで車の運転をするのが普通なのですから、申し訳なさしかありません。しかし、ここで私が運転はもちろん、きちんとすべてができるタチだとしたらどうなっていたでしょうか？

おそらく、「俺はこんなに一生懸命やっているのに！」という日頃の鬱憤《うっぷん》が溜《た》まっていったのではないかと想像します。

先日「彼女ができた」と打ち明けた長男坊に、「そっか、おめでとう。まだ早いかもしれないけれども、もし結婚するとしたら、なるべく近場の人と一緒になった方がいいよ」と言いました。

「どうして？」

長男坊が聞き返しました。

「パパとママとの結婚式での久留米《くるめ》じいじ（カミさんの父親）のな、寂しい後ろ姿がいまだに目に焼き付いているんだ。久留米（福岡県）は遠いからな。それだけ言っておくわ」

やがて、間があり、長男坊はおもむろに言いました。

「あのさ」

「なんだよ」

「それ、距離の問題じゃねえよ。きちんと手塩にかけて育てた大事な娘がなんでパパみたいないい加減な男のところに行っちまったのかという魂の慟哭《どうこく》だろ、どう考えてみても。なんでわかってあげられねえんだよ」

バカにされているには違いないのですが、私は思わず大爆笑してしまいました。

甚兵衛も私も、「女運」がとてもいいのではとシンパシーを感じています。

落語家に限らず、芸人の妻になるような人はとてもしっかりしている感じがします。**亭主が好きなことを好きなだけやらせてもらえているのは、しっかり者の妻ありき**だからこそでしょう。

逆に、甚兵衛が、実はとても有能で、目の奥がキラリと光るような計算高い人で、「火焔太鼓」の値打ちを実は知っていたとしたら、どうなっていたでしょう。

いや、そうなると、この落語はまったく面白くなくなりますよねえ。やはり「男のバカと女の利口」こそ落語の基本なのでしょう。

こんなうちらのような父親と母親を見たら、きっと子供たちもしっかりした女性を選んで（いや、選ばれてかな）円満な家庭を築いてゆくのではと思っています。

先日ふとしたことでカミさんと喧嘩になったのですが、大事《おおごと》にならずに済んだのは次男坊が間に入ってくれたからでした。ほんと「子は鎹《かすがい》」ですよねえ。

いま振り返ると、私の父親も結構不器用で案外ドジで、しかもおとなしい人でありました。お袋がそろばん塾の先生をやりながら、明るく立ち回るキャラだったのとはとても対照的でした。そんな二人に育てられたせいか、気が付くと自分は同じような立ち位置にいます。

夫婦円満は、ダメな亭主であること。

これからも貫きます。

甚兵衛さんの一言

男のバカと女の利口こそ、いいつり合いだよ。
男はダメでいいんだよ。

定吉

笑いを誘う「芝居マニア」の丁稚さん

定吉も落語には欠かせないキャラクターですよね。

第一章に出てきた「亀吉・金坊」が奉公に行く手前の状態での出演ならば、定吉は奉公中の身の上という設定でしょうか。いわば、前者が「オフ」ならば後者の定吉は「オン」という感じですよね。

奉公に行く手前の、「子供子供」しているのが「亀吉・金坊」であり、奉公に行って商家と商人のルールに縛られ始めているのが定吉でありましょう。

亀吉といえば、三代目・三遊亭金馬《きんば》師匠の「藪入《やぶい》り」を思い出します。

三年ぶりに生意気盛りだった息子・亀吉が帰ってくるというので、父親の熊さんは三年前のまんまの幼いイメージで帰ってくると思っていたところ、いざ帰宅すると「すっかりご無沙汰いたしまして。おとっつぁんもおっかさんもお変わりないです

か」とイッパシの気遣いの挨拶の言葉を述べて、本当に俺の子供かと戸惑ってしまいます。そして、しどろもどろになって立派になった息子に敬語を使うあたりが、笑わせどころでもあり、泣かせどころともなっています。

「藪入り」の舞台は、いまのように労働基準法などで労働者の権利が守られている時代ではありません。奉公の厳しさを通じて社会人としてのルールを学んでゆくという背景に、「想像と共感」が働くからこそ、この落語は不朽《ふきゅう》の名作になっています。

個人的には、この「藪入り」の中で熊さんがこっそり倅の亀吉が働いている奉公先の近くを通った際に、垣根越しに息子の日常をのぞいていたという述懐が大好きであります。

私はこの場面でいつも、亡き父親を思い返します。

長野から越境で甲府の高校に通っていた私でしたが、文化祭に車でお袋、弟と一緒に駆け付けてくれたことがありました。

高校時代から「青木幸二ショー」などと称して文化祭で賑《にぎ》やかにやっていたのですが、校内放送でＤＪみたいな形で喋りまくっていたのをふと耳にして、父親が一人涙ぐんでいたと後でお袋から聞いたものです。故郷を離れても息子が元気にやっている姿がとても頼もしく、嬉しかったのでしょう。

あの頃は思春期特有の照れもあり、とても恥ずかしく「なんで泣くんだよ」と拒絶反応的な思い出しかありませんでした。やはり**人間というのは自分が「同じ立場」に立ってみないと相手のことはわからない**ものですよね。

数年前でしたか、長男坊の高校の文化祭に行ったのですが、あの頃の思い出が私を襲ってきたのです。

長男坊は当時マンドリン部に所属していて、一生懸命に演奏していた曲が『リメンバー・ミー』でした。ディズニーの亡き人を思い浮かべる名画のあのテーマソングです。「私を思い出して」というストレートな旋律に、あの時の父親の心情がプレイバックしてきたのです。

苦労人の親父でした。

満州事変の翌日に生まれたのですが、一四歳から定年までの四一年間、家族のために働き続けた人でした。自分のコンプレックスが上の学校に行けなかったことだったので、その願いを息子に託すべく、私は高校の時から好きな学校に行かせてもらっていました。私の高校は寮もあり管理は行き届いていましたが、やはり心配だったのでしょう。そんな心配をよそに息子が明るく元気にやっている姿がとても嬉しかったので涙となったのです。

当時の父親は、一四歳から働き続けた勤続疲労が肉体をむしばみ、呼吸器系の病を患《わずら》っていました。その身体《からだ》で長野から甲府までの長距離の運転は相当疲れたはずなのに、私は優しい言葉の一つもかけてやれなかったのです。

「あの時の冷たい最低な俺に比べて、いま、目の前の長男坊はそれとは真逆で俺を優しく迎えてくれている」

長男坊のぬくもりとあの頃の自分とのギャップで、父親への申し訳なさがより募りました。親父、ごめんな。

いつの世も「息子が元気にやっている姿を見つめる父親」という構図は、普遍的なものなのでしょう。還暦近くにもなって「藪入り」のこの場面になると、あの日あの時のことが蘇《よみがえ》ってくるのです。

そして、気が付けば、親父が私に向き合った時よりもずっとしつこく二人の息子に向き合う日々を送っている私です。

話がだいぶ飛びましたが、落語に出てくる定吉のことを、故郷の父親はどんな眼差《まなざ》して見つめていたのかなあとふと思いを寄せたくなります。

やはり「忙中閑《ぼうちゅうかん》あり」とでもいいましょうか、決して定吉は店の仕事に忙殺されれ、労働力を提供するだけというような犠牲的存在ではありません。そこが落語の優しいところで、いろんな落語にちゃっかりと彼は登場してきます。

「七段目」という落語があります。

芝居大好きの大店の若旦那・孝太郎は、前述の若旦那同様世間知らずなのですが、彼がパートナーに選んだのは幇間《たいこもち》ではなく、定吉でした。今日も今日とて商いの帰り道、いつものように芝居小屋に寄ってしまいます。呆れ果てた父親が、「また芝居か」と説教するのですが、それらをことごとく得意の歌舞伎《かぶき》セリフで返すありさまです。父親が孝太郎のアタマをポカリとやると「ひでぇことをしやがる、まったく世の中も生きぃづれぇな～」と歌舞伎口調で返します。

さらに二階に上がった孝太郎は、今度は一人芝居に熱中し始めます。「ドタバタ」と音が次第に大きくなっていくので、父親は定吉を二階に行かせました。

定吉「若旦那、静かにしてくださいまし。旦那さんが怒っております」

孝太郎「おうおう来たかぁ。定吉ぃー。おまえさんも確か芝居好きだったあなぁ」

そうです。定吉も実は大の芝居好きでした。

孝太郎「よおし、おまえ『仮名手本忠臣蔵』の七段目『祇園《ぎおん》一力茶屋の場』はわかるな。やってみよう！」

定吉「へえ大好きです。でも旦那さんが」

孝太郎「いいから。さあ」

と、孝太郎と二人で七段目「祇園一力茶屋の場」を演じ始めました。

役は定吉がお軽。孝太郎はその兄・平右衛門。芝居を始めると、隣に住む三味線《しゃみせん》の師匠の弾く三味線の音も聞こえてきて、気が付くと乗っています。芝居に没頭しすぎた孝太郎は、なんと本物の刀をもってきて芝居の通りに振り回し始めました。

役に入り込み目の色が変わった若旦那が怖くなり、定吉は逃げ回ります。しまいには足を滑らせて、階段の上から下へ転落してしまいます。驚いた父親が定吉に駆け寄って「おい、どうした。大丈夫か、定吉！　お前なんだな、さてはあのバカと二人で芝居の真似事《まねごと》をして、てっぺんから落ちたのか？」と聞くと、定吉は答えます。

「いいえ、七段目からです」

「蛙《かわず》茶番」では素人《しろうと》芝居の「ガマ」を演じる設定で最後に出てきますし、またのどかな場所でご隠居にインチキな茶の湯で振り回される「茶の湯」の小僧として、「寝床」では旦那の義太夫の犠牲になりながらも、ラストで「あそこが私の寝床です」とオチの一言をいう貴重な役柄で、定吉は登場します。

いずれにしてもほかの登場人物に翻弄されての登場ですが、決していじめられているわけではないのが救いとなっています。

「七段目」の刃傷《にんじょう》沙汰もあくまでも双方乗ってきて芝居の役者になり切った上でのことですので、決して嫌がらせや不快感を伴うようなパワハラ案件ではありません。

定吉君のお父さん。ご子息は、奉公中の身の上ですが、店の人を始め周囲の人に大切にされていますよ。遠くで見守るご家族は心配でしょうが、案外したたかに楽しんでいますよ。どうぞご安心くださいね。

いやあ、それにしても自分が子供を持ったことが、より定吉や亀吉、金坊など子供の出てくる落語を複眼的に見つめ直すいいキッカケになっています。前座の頃、一門の兄弟子の志らく兄さんに「『藪入り』は子供がいないと絶対できない落語だよ」と言われた意味がわかってきたような気がします。

近頃ではコンビニのバイトから帰ってきた次男坊を大歓迎して迎えている私を、カミさんが「三年ぶりに会ったみたい。大げさ！」と指差して笑っていますが、毎日「藪入り」の稽古をしているような感じであります。

親父、あの時はごめんな。でも、ありがとう。俺は幸せだよ。

なんだか、俺の周りのおとなたちって、
基本、俺よりバカかも。
でもそのおかげで、毎日楽しいや。

権助

異色の「鈍感力」を発揮する男

落語の登場人物に共通する性格はと考えた場合、やはり「細かな気遣い」ではないかと思います。今回この本を書き続けてきて、みんな**誰もが「相手のことを気遣う」人たち**だなあというのが本音です。

『安政五年、江戸パンデミック。』（ソニー・ミュージックエンタテインメント）にも書きましたが、やはり一〇〇万人を超える大都市の江戸です。しかもいまの時代のように、プライバシーの環境が整えられていません。「九尺二間」というほぼ六畳一間に数人が住むという超絶ストレスフル社会です。ハッキリ申し上げて、絶対住みたくはありません。そこに棲息《せいそく》する人間たちの作法としては、「相手の感情をいち早く察知しようとする」、つまりコミュニケーション能力を高めて対応してゆくしかありません。「落語に学ぶコミュニケーション」と題して講演依頼も承《うけたまわ》っていますが、現代の

込み入った人間関係の中で生きてゆく作法は落語から学ぶことができるのです（お仕事依頼、よろしくお願いします）。

かような背景からおわかりいただけるでしょうが、落語の登場人物は基本「センシティブ」なのです。

そんな中で異彩を放っているのが、権助です。学問的精査が必要ですが、この「権助」というのは人名ではなく、銭湯でもろもろ働く「三助」のような「飯炊き」の役職名だったという説がありますが、彼は落語のあらゆる場面で出てきます。

「権助魚《ごんすけざかな》」という落語があります。

あらすじは……とある旦那の浮気を確信した女房、表面上は平静を装いながらも、内心は嫉妬《しっと》に燃えています。ある日この女房は権助に旦那のお供を命じます。「仕事の相談とか言っているが浮気相手のところに行くに違いない。どこで誰に会ったか、後で私に報告しておくれ」と一円を握らされます。そうとは知らない旦那は権助と一緒に出掛けてゆくのですが、そのそわそわ感からおかしいと悟り、「お前、家内にあたしがどこに行って誰と会ったか報告しろと言われて一円もらったろ？」と詰問《きつもん》します。権助は観念してその一円を返そうとしますが、旦那は二円渡して「向島に行く途中に両国橋の手前で丸安さんのご主人にばったり会い、柳橋の料亭でどんちゃん騒ぎをして、その勢いで隅田川の網文という船宿から船を出して舟遊びに出て、そのまま湯河原に泊まりに行ったと言え。そして、そこで獲れた『網取り魚』だと言って、近くの魚屋で買った魚を家内に証拠として見せておくれ」と、命令します。

権助は魚代までもらったうえで近所の魚屋で「網取り魚が欲しい」と言うのですが、魚屋にしてみれば「うちはどの魚も網で獲れたものだ」と言い張ります。そこで買ったのが「ニシン、スケソウダラ、メザシ、茹蛸《ゆでだこ》、蒲鉾」と絶対隅田川では獲れないものでした。

旦那のアリバイ工作は完璧とばかりに、権助は帰宅し、女房に「旦那は料亭から舟遊びの後、湯河原へ向かった」と言いますが、二人が家を出てから二〇分ほどしか経過していません。「おかしい!」と言う女房に、権助がしどろもどろに魚の解説をします。女房は呆れ果てて「この魚は関東一円じゃ獲れないよ」と言うと、権助が「一円じゃございません。旦那から二円もらって頼まれた」。

前座の頃、一門の談四楼《だんしろう》師匠に稽古をつけていただいたネタであります。オチは秀逸ですが、談志師匠と談四楼師匠の二人で考えた傑作として、上演許可をいただいています。二つ目レベルの落語ですが、よくできた爆笑系であり、寄席では頻繁に口演されているネタの一つです。

ほかに権助は、「蒟蒻問答《こんにやく》」ではヤクザ者の八五郎を支える寺男として、「化け物使い」では人使いの荒いご隠居の家の奉公人として、それぞれタフネスを発揮して登場しますが、「権助魚」しかり「権助提灯《ちようちん》」しかり、その名前が落語のタイトルにもなっているネタは、「旦那の浮気」という超絶敏感な場面での登場となり、その権助の傍若無人《ぼうじやくぶじん》ぶりが対比となって描かれています。

つまり、仮説ですが、「江戸っ子が本来持っている敏感さ」の真逆を貫くキャラとして、「こういう奴がいると面白いなあ」、いや、もっというと「これぐらいの鈍感な奴がいたっていいよなあ」という大衆の水面下の願いが裏付けとなっている、**「気遣い」過剰に対する反動の理想的存在こそ権助**ではないでしょうか。

落語の中の「縁の下の力持ち」こそ権助なのです。

傍若無人で無神経さの極みでもありますが、談志の「権助提灯」では、旦那が権助の言動にイライラし、「同じことをなんども言うのは無駄とは思わないか」と聞くと、権助が「もう一遍言ってみろや」と言います。旦那が怒り気味に「だから、同じことをなんども言うのは無駄だとは思わないのか⁉」と言うと、「自分で言っていて気が付かねえか」とさらりと言ってのけます。ロジカルな権助の面目躍如《めんぼくやくじょ》といったところでしょうか。

また「かつぎや」では超絶的なゲン担ぎの大好きな旦那に対して不吉なことを言う役として、「王子の幇間《たいこ》」ではばらされたくない過去をばらされる役として、そうかと思うと「宗論《しゅうろん》」では、キリスト教信者になった若旦那に「なぜ浄土真宗を信じないんだ」と激怒する大旦那をなだめる役として登場します。

「行きすぎた価値観」を諫《いさ》める役として、ある種与太郎的な無神経さを持っている権助ですが、「化け物使い」や「蒟蒻問答」における辛抱ぶりを加味しますと、与太郎の「かぼちゃ屋」や「道具屋」など職が定まらない「無職」的立ち位置に対して、「飯炊き」というレッキとした職業を全《まっと》うした上での、**与太郎の「不マジメ」に対する「生《き》マジメ」な男**という人物像が浮かび上がってくるような気がしませんでしょうか。

そういう意味でいうと、『なぜ与太郎は頭のいい人よりうまくいくのか』（日本実業出版社）という本を出した立場から見つめてみると、与太郎より権助の方がお手本にしやすいのかもしれません。

ここで提案です。現代人はもっと「権助的に生きるべき」なのです。おそらく地方の出身でしょう。持ち前の「鈍感力」を発揮させ、与えられた職務である「飯炊き」を貫いて、おかみさんから信用を得ているからこそ旦那の付き人を命じられたともいえましょう。

どんな仕事でも構いません。**一つのことを突き詰めることの凄さを権助から感じてみるべき**です。

サラリーマンとして二年ほど勤めていた時のことでした。高校時代の日本史の先生に落語家になりたい旨《むね》を伝えたら、「職業に貴賤《きせん》はない。落語家が下で弁護士が上というのもない。素晴らしい落語家もいればダメな弁護士もいるだけだ」と言われたものでした。

大切なのは、職業自体の貴賤ではなく、その業界内の優劣なのだと悟りました。一隅《いちぐう》を照らしながら、落語というゲームの中で重要な場面で出てくるスーパーサブこそ権助だったのです。

「女性には優しく」とはどこのモテ方指南本にも書かれていますが、時として「優しいだけでは物足りない」とも言い出すのが女性であります。いや、女性のみならず、社会全体がそういうわがままなものなのかもしれません。

「気遣い」は過酷なコミュニケーション能力が問われる現代におけるヒューマンスキルとしての必須条件ですが、その過剰さも取り沙汰されています。とくに日本の場合は顕著で、一時期出現した「マスク警察」や「自粛警察」が一例でしょう。

だからこそ権助が出てくる落語に接するとほっとするのかもしれません。権助は「飯炊き」という一つのことを極めつつ、傍若無人でありながらも、八っつぁん、熊さんのような職人的乱暴さやがさつさを訴えるキャラではありません。

いや、逆に、かような「鈍感的物言い」が認知されているのは、原点に戻るようですが、やはり一つの仕事を極めているからではないでしょうか？

やはり**「信頼は日頃の積み重ね」**から。権助の生き方に教えてもらいましょう。

俺のことを表面的に鈍感な奴だとかいうけどもな、
俺なりに気を遣っているんだよ。
気を遣わないという「気遣い」を俺はやっているんだ。

第三章

武士の節度と忍耐と

前説

「嘲笑と尊敬」のアンビバレントな存在

士農工商という、ゆるぎない身分制度のもとに置かれていたのが江戸町人たちでした。主に「工と商」を江戸町人といいますが、その数が五〇万人、そして江戸滞在の武家階級も五〇万人という比率でしたから、人口的にはフィフティフィフティという感じでした。

身分制度から来るイメージですと、町人階級は圧倒的なヒエラルキーのもと、被支配者的存在ですので、軋轢《あつれき》しか感じ得ないはずなのに、それを一気に覆《くつがえ》して町人が主役を謳歌《おうか》しているのが落語です。

お武家階級に対して、小気味いい啖呵《たんか》を切って最終的に首を斬られてしまうのが「首提灯《くびぢょうちん》」や「たがや」ですが、そこまで直接的な物言いはしなくとも、これから出てくる赤井御門守というお殿様に関しては「世間知らず」というおちょくり対応をしますし、逆に同じお武家階級でも柳田格之進や千代田卜斎《ぼくさい》など浪人に関しては、「世が世ならお侍として肩で風を切っているはずなのに」という同情からかリスペクトに近い感覚で対応しています。

「嘲笑と尊敬」という、アンビバレントな気持ちを持たれて落語に登場してくるのが「武士」なのでしょう。

この見方は、国会議員に対する接し方として我々庶民は受け継いでいるのかもしれません。誰とは言いませんが、世襲のボンクラ議員に対する視点と、刻苦勉励《こっくべんれい》をしながら虚仮《こけ》の一念で捲土重来《けんどちょうらい》を狙う浪人議員へのそれとは正反対の思いがその象徴です。

この距離感は「金持ち」に対する姿勢でもあるのではと、ここでふと思いました。親代々の金持ちをバカにしながらも、その一方で苦労して一代で企業を起こし、財をなした人に対して我々は心からチヤホヤします。

もしかしたら親代々の金持ちには、相続する上で塗炭《とたん》の苦労があるかもしれません。また一代で財をなした人のそばには、騙《だま》された人がいるかもしれません。

そんな裏や背後を差っ引いても、**「権力とカネ」に関しては両極端な対応をし続**

けてきたのがこの国の人たちでありました。これは、賞賛された人が一つのスキャンダルで一気に叩かれてしまうという「落差」の原点なのかもしれません。

かような「溜飲《りゅういん》の下げ方」の源流が、もしかしたら落語の中で描かれた武士にあるとしたら、これは日本人の過去から現代における変わらぬ精神性でしょうし、そうだとすれば、おそらく今後もかような見方で「権力とカネ」に向き合ってゆくのでしょう。

近著『落語で資本論』にも書きましたが、落語は過去の日本人の発言集に過ぎないのかもしれませんが、「日本人の未来予想図」でもあるのです。詳しくは拙著をお読みください。

さあ、「支配階級との向き合い方」、学んでゆきましょう。

赤井御門守

家臣や庶民に優しい明るい殿様

赤井御門守はもちろん架空の人物です。前説で述べたように「権力者をバカにする」ことで溜飲《りゅういん》を下げるのが庶民のガス抜きなのですから、特定の殿様だと判明すれば打ち首獄門は免《まぬが》れませんので、この世に存在しない名前をあてがってこっそりバカにしてきたのでしょう。これは落語家とそれを受け入れる庶民との間の約束事でもありました。このお殿様の石高《こくだか》は「一二万三四五六石七斗八升九合一摑み半分」。まさに粋なものです。性格はおっとりそのもの。上品ですが世間知らずです。

こんな小噺を「妾馬《めかうま》」のマクラに振ります。

「三太夫、三太夫はおらぬか」

「御召しにございますか」

「おお、三太夫。昨日食したる菜《な》は味がたいそうよかったが、今日の菜は味がちと劣るではないか」

「お言葉を返し恐れ入ります。殿が昨日食しましたる菜は、三河島の在におきまして百姓衆が下肥《しもごえ》なるものを用いてこしらえましたるために、味がたいそうよろしいかと存じますが、今日の菜は下屋敷にて魚の骨などを肥料として用いましたるために味がちと劣るかと存じます」

「おう、しからば下肥なるものを用いれば味がよくなると申すか」

「御意《ぎょい》にございます」

「ならば苦しゅうない、これに掛けて参れ」

こっそりではありますが、徹底的にバカにしていました（可哀《かわい》そうですよね）。

この赤井御門守もいろんな落語に出てきますが、ほとんどが端役《はやく》であります。

「火焔太鼓」を気に入って欲しがるお殿様として、また極端な粗忽者を面白がっている立場での「粗忽の使者」とか、ほとんど間接的な会話の中で出演してきます。お馴染み「目黒のさんま」のように、生まれて初めて食べた旬のサンマのうまさに目覚める主役のお殿様として出てくるケースもありますが、演者によってはこの落語のお殿様は赤井御門守ではありません。

主役的に、そしてこの後述べる田中三太夫との名コンビぶりを発揮して登場してくるのが「妾馬」でしょう。

行列のお駕籠《かご》にて、とある長屋の前を通りかかった大名・赤井御門守は、長屋口にて味噌漉《こ》しを持って入ってゆくお鶴を見初めます。「余はあの娘を好むぞ」（つまり、側室に迎えたいとのこと）の一声で、家来が長屋を訪れ、大家に話を伝えにやってきます。

お鶴は一七歳で、母親とがさつな兄の八五郎との三人暮らしでした。大家が喜んでお鶴の母にこの一件を話して聞かせますと、母親も出世だと大いに喜びます。また、兄の八五郎のほうも大金の支度金《したくきん》をもらい、大喜びです。

そしてお鶴は間もなく世継ぎたる男子を出産し、さらに「お鶴の方さま」「お部屋様」と大出世を遂げます。

ある日、御門守がお鶴の願いを聞き入れ、八五郎が屋敷に呼ばれることになりました。八五郎は支度金を遊びで使い果たしており、怠《なま》け癖《ぐせ》がついていてだらしない日々を送っていましたが、大家のサポートで紋付き袴《はかま》を借り、即席の「丁寧な言葉遣い」も教えてもらい、御屋敷へやってきます。

屋敷に着くと、八五郎は殿様のお付きの田中三太夫に御前まで案内されます。ここでの八五郎と三太夫とのやり取りが笑いの宝庫であります。

さあ、いよいよお鶴を伴って現れた御門守との面会と相成ります。ここでのとってつけたインチキな挨拶をまるで理解できない御門守の表情が笑えます。そこで御門守は「無礼講であるから朋友に申すごとく申せ」と許したので、がさつな物言いで挨拶します。顔面蒼白な三太夫に対し、御門守は「面白い奴」と気に入り、酒をご馳走《ちそう》してもらいます。杯を重ねて酔った八五郎は、そこで初めてお鶴がそこにいることに気付きます。

ここからが泣かせどころです。お鶴に、「お袋がな、嬉しがって泣いていた。職人のところへ嫁いでいたら、すぐ駆け出して子守りもしてやれるけど、相手がお殿様じゃそれもできねえ、身分が違うってなあ、つれえなあ」と述懐します。さらに八五郎は御門守に、「お鶴を末永くかわいがってやっておくんなさい」と言います。

ここで、私は、「殿様、あっしゃ、御目録もいりません。カネもいりません。それより、聞いてください。いまお鶴が抱えている赤子《あかご》は殿様にしてみれば大切なお世継ぎかもしれませんが、お袋にしたら、初孫なんです。一遍《いっぺん》だけでいいです。一遍だけ、ここに呼んで、お袋に子守りの真似事をさせてもらえませんか」と言わせ、さらに私は御門守に「八五郎、安心せい、その方の申し出、余はしかと受け止めたぞ」と言わせる演出にしています。

ラストは、かようにしんみりしたところで八五郎が都々逸《どどいつ》をうなり、御門守は彼をさらに気に入り侍に取り立ててゆく……。庶民と上流階級のカルチャーギャップに、「初孫のかわいさ」という笑いと涙の両辺が見事に描かれた名作であります。

従来は、このネタはあくまでも八五郎の母が初孫に会えない「悲しさ」への「共感の涙」だったのでしょう。大衆はその母親の立場を想像して泣いたはずです。が、いまやＬＧＢＴＱ（性的少数者）やジェンダーなど新しい価値観が生まれ、市民権を獲得している現状です。ささやかな抵抗として、初孫を抱かせる「夢」を叶《かな》えさせたのが、現代人である私の演出でもあります。

さらにもっと言うと、「側室」という形態への反発も今後は予想されます。芸能人の不倫などに対するバッシングがその顕著な例です。御門守が革新的な人で、「余は一人の女子《おなご》を愛したい」という考え方だったと設定を改める必要があるかもしれません。

無論現代的な解釈に迎合する必要はありません。しかし、かといって昔の価値観こそすべてと、それらを切り捨てることも完璧な対応ではありません。そこが、伝統芸能である側面と大衆芸能である側面の両方を有する落語の真骨頂で、それぞれの時代時代においてその時代を生きる落語家が、微調整を施《ほどこ》しながら命脈を保ってきた理由でもあります。

その象徴こそ赤井御門守で、彼に向けられた**庶民の「尊崇《そんすう》と侮蔑《ぶべつ》」という二極的な感覚とは、ある意味「権力者に対するバランス感覚」**として、今後も受け継がれてゆくべき感受性なのでしょう。

「力のある人に、胡麻《ごま》をすって媚《こ》びることなんかないよ。かといって直接歯向かうのもバカげているよ。うまい具合に距離を取ればいいのさ」というメッセージをイメージして編み出されたキャラクターこそが、赤井御門守なのかもしれません。

そう考えてくると、落語は、江戸文化を代表する文学でもありますし、現代のコミュニケーションとしても深い意味があると踏まえると、「人間工学的」な意味合いすら浮かび上がってくるような気がしませんでしょうか。

案外**「赤井御門守のような権力者に対しては、八五郎のように裏表なく無邪気に振**

る舞うほうがよい結果をもたらす」ものなのかもしれません。

談志は時の総理大臣の佐藤栄作さんにかわいがられていました。佐藤さんの部屋に呼ばれて、「紅茶でいいかね?」と尋ねられた時には、「私は我慢強いのでなんでも大丈夫です」と答えたそうです。そして談志の親友・毒蝮《どくまむし》三太夫さんも、権力者という立場ではありませんが昭和の名人・桂文楽師匠にこよなく愛されていたと聞いたことがあります。

談志と毒蝮さんの言動は、センスの賜物《たまもの》ゆえ直接マネなどできませんが、誰に対しても物怖《ものお》じしないところは学ぶべきかもしれません。「最低限のリスペクト」さえ持ち合わせていれば、恐れるに足らない。八五郎と赤井御門守、談志と佐藤元首相、毒蝮さんと文楽師匠から、「好かれるコツ」を学びましょう。

皆が思うほど、余は気難しい人間ではないぞ。ある意味、扱いやすい存在であるぞ。余を快適にしてみせい。

田中三太夫

殿様に振り回されるまっすぐな家臣

田中三太夫は、前述した赤井御門守とほぼセットで登場してきます。「目黒のさんま」では、目黒の農家で食べた「直火焼きのサンマ」の味が忘れられず、無邪気に「さんまを食べたい」と訴えた殿様に対して右往左往する家来として登場しますし、「火焔太鼓」では、うろたえる甚兵衛から火焔太鼓を購入する役として登場します。「粗忽の使者」では、赤井御門守が地武太治部右衛門《じぶたじぶえもん》という超絶そそっかしい使いの侍を面白がって呼ぶのですが、使いの口上を忘れ「尻をつねれば思い出す」と治部右衛門が言うので、言われるがまま尻をつねる役を担わされます。

一番の面目躍如としての登場はやはり最前の「妾馬」でしょう。

八五郎が、赤井御門守のお屋敷の中で、「田中三太夫さんって人いるかい？」と尋ねると、家来は「田中三太夫さんって人と言う奴があるか⁉」と怒りますが、八五郎が「人じゃねえのかい」とやり返すと、「人ではあるが当家重役である」と諭《さと》されるあたり、赤井御門守の渉外担当でもあり、教育係でもあるイッパシのお方なのでしょう。

そこで徹底的に彼が専念することは何かと言うと、「八五郎がお殿様（赤井御門守）に失礼がないように」の一点だけであります。ここに「緊張」の源があり、これが「緩和」されるところから笑いが増幅します。

赤井御門守に尋ねられても無言のままの八五郎に対し、「即答をぶたんか」「はよ、即答をぶて」と促す三太夫ですが、これを「そっぽをぶて」と聞き間違えた八五郎は、三太夫のそっぽ（頭）をぶってしまいます。このやり取りを笑った御門守が、八五郎に「余の前に出《い》でし時は、言葉を丁寧にいたせと言われて参ったのであろう。朋友に申すがごとく申してよいぞ。無礼講じゃ」と言われて八五郎は殿様のざっくばらんさに惚れて普段の喋り方をし、さらに三太夫がオロオロするという流れになります。

ここで、ふと思ったのが、サラリーマン時代のことでした。

当時、私はワコール福岡店の販売三課に所属するというセールスマンの立場で業務をこなしていました。入社二年目か三年目でしょうか。

慣れも出てきたのでしょうか、九州のおおらかな風土も水が合ったのでしょうか、福岡地区のお得意先を数十軒も抱える新人として毎日元気に駆け回っていました。

東京勤務時代と福岡勤務時代の一番の違いはというと、「百貨店対応セールス」か「専門店対応セールス」かの違いです。

東京勤務時代は百貨店のセールス補助として、あくまでも「サラリーマン同士」のドライな商環境でした。たとえて言うならば、当時最大手の伊勢丹さんに、ワコールの商品はあくまでも「委託」として預けて、売れた分だけを売上計上するというシステムです。

対して福岡勤務時代は、相手が「路面店」、つまり「オーナー商店主」という取引です。その象徴が、「売掛金の回収」という泥臭い月末恒例の仕事でした。

支払いが滞《とどこお》り、「今月、少しだけでもお支払いしてもらえませんか?」と中洲《なかす》の繁華街の小さな下着屋さんに三回目に訪れた時には、「息子の学費を払わなくちゃいけないのよ」と女性オーナーさんに泣かれたこともありましたっけ。

ほかのオーナーさんからは、「お前さんたちはいいよなあ。二〇代前半でそんなにボーナスをもらえてさ。俺たちは景気悪い時なんかボーナス払うのに車を売ったよ」とまで言われたことがあります。

面倒くさい環境ではありましたが、東京勤務時代は当然だったパワハラ的な軋轢《あつれき》は皆無《かいむ》でしたし、私自身が「いつかは辞めて落語家になる。そのための修業だ」と心の中で切り替えていたこともあり、またいまのカミさんである当時の新入社員の彼女との出会いもあり、楽しく過ごせていました。

「三年で辞める」と決めると、会社の約束事やルーティンなどが全く怖くなくなります。旧態依然としていた会社の当たり前の出来事にも、さりげなく食ってかかったりもするようになりました。

当時は日本人の働きすぎが外圧でかなり訴えられていて、全社的に「時短」の動きになっていました。そんな中頻繁《ひんぱん》に「時短のための会議」が開かれ「どうすれば時短に結びつくか」という話し合いが持たれましたが、私は「こういう会議を減らすことが一番の時短ではないでしょうか」などと言い放ちました。

極めつきはセールスマン業務の一つである「日報」でした。これは、毎朝社長も目を通すというその日の支店の業務報告です。社長も読むので、末端のセールスマンの私も目を通さざるを得ません。

ただ「名古屋店、対前年比一一〇％の売り上げ。急激に寒くなり冬物インナーが好調」「大阪店、対前年比九八％。天候悪化による客足減少」などというテンプレ（型通り）のようなつまらない表現に辟易《へきえき》していました。

ある日、私の番になり、そこまで抱いていた違和感の蓄積から、「ワコールの潜在的可能性について」という一文を書き出しに、「なぜ吸収合併などを始め、外部にのみ目を配るのでしょうか。というのも、わが社は隠れた人材の宝庫ではないかと思うのです」と続けました。そこで「東京外国語大学を優秀な成績で卒業した女性が、総務課で独身寮のトイレットペーパーや販売課の消しゴムの手配をしている」ことをさりげなく訴えました。

別に総務の仕事を揶揄《やゆ》しているわけではありません。そういうのはアルバイトに任せればよいのです。その女性は休日に柔道の国際大会が福岡で開催された時に、堪能《たんのう》なロシア語を買われて同時通訳の依頼を受けていたことも知り、「適材適所」の必要性と、かような隠れた人材を有効に使うことこそ「骨のある新規事業になるのでは」との思いから、「支店の枠を超えた社内人材バンク」構築を提案しました。

これを書いた時の当時の私の課の課長は「お前、バカなことを書くな。社長の目に留まったらどうするんだ」となじりました。が、私はどうせ辞めるという考えから「大丈夫ですよ」としらばっくれていました。

すると、すぐ社長室から連絡が来たのです。

社長からの電話を取ったのが課長でした。社長曰く「この青木という新人の考え方面白《おもしろ》いから、もっと詳しく書かせろ」という電話内容に対して、課長ときたらなんとコロッと変わって、「はい。彼をきちんと指導し、日頃から目をかけてやっています」。

心の中で私はずっこけました。

大変長い思い出引用でしたが、この**「社長↓課長↓私」という構図はまさに「赤井御門守↓田中三太夫↓八五郎」という構図そのもの**ではないでしょうか。

いま、過去を述懐し、さらには「この国」を俯瞰《ふかん》しながら思うのは、現代の日本は、課長や三太夫さんに相当する「中間管理職」というか「中間層」が脆弱《ぜいじゃく》なのではないかということです。

なるほど「中間」は手間でもあります。実際、景気が悪いのがデフォルトとなったサラリーマン社会では「専任課長」というような部下のいない名前だけの課長も増えています。そしてSNSの世界ではタレントが直接アカウントを持ち、事務所のマネージャーを介さずファンとダイレクトに交流するのが当然となりました。

私が子供の頃は、好きなアーティストがいると、まず事務所に丁寧な手紙を書いたりすることから始まりました。返事などは無論ありませんでしたが、読んでくれているだろうなと思うだけで嬉しかったものでした（ファン時代にお歳暮を談志に送った際の直筆の礼状は、いまだに宝物であります）。

今回は田中三太夫という架空の人物の抽象度を上げて、「中間管理職」として大きく扱ってみました。

流通業界でも、「問屋」さんの立場が悪いと、よく聞きます。ダイレクトに取引した方がたしかに経費は節減できるのでしょうが、**中間層が脆弱だと「ギスギス感」をもたらす**ものであります。かつて日本が「一億総中流」といわれていた時代には、面倒くさくても「ショックアブソーバー」的な存在として重宝されていたはずです。

無論、「先祖返り」を良しとして昔に戻れとは言いません。

ただ、人知れず「中間的な立ち位置の人の心情を慮る《おもんぱか》る」ということだけでも世の中が明るくなるのではと推察します。田中三太夫さん的立場の人を大切にしましょう。真ん中が一番辛いはずです。

ちなみに、当時の課長とはいまだに年賀状のやり取りをさせていただいています。

上に気を遣い、下に気を遣うのが俺なんだぞ。
組織やコミュニティは俺みたいな奴が支えているんだ。
縁の下ではなく、踊り場にも目を向けてくれよな。

大岡越前

人の言い分をしっかり聞く「名奉行」

大岡越前は時代劇でもお馴染みですよね。

私ぐらいの年代ですと加藤剛さんのイメージが強く、落語の中に出てきてもついつい加藤さんの端正な佇《たたず》まいを思い浮かべてしまいます。

江戸時代のお江戸の町人は何度も申し上げている通り、過密地域に住んでいるばかりではなく、士農工商という身分制度からもたらされるストレスたるやもの凄《すご》かったはずです。そんな中で庶民たちはそこから解放してくれる「薫風《くんぷう》」を、心の中でマグマのように求めていたのでしょう。

そんな江戸っ子たちの間で愛された、さっぱり感が漂う落語は第一章でも紹介した「三方一両損《さんぼういちりょうぞん》」ですが、ここまで「割り切れる」落語がずっともてはやされるのは、**現実社会はその真逆の面倒くささ、割り切れなさに満ちている**からなのでしょう。

かような一刀両断的な鮮やかさはなく、「じわじわ感」がこみ上げてくるような裁定を大岡越前が下す落語があります。

これが「五貫裁《ごかんさば》き」です。

長屋のならず者の八五郎が、堅気《かたぎ》になると決意し、太郎兵衛という大家のもとを訪れると、大家は奉加帳《ほうがちょう》（集金帳）を作って「最初に金持ちの所に行け」とアドバイスするのですが、八五郎は血だらけになって戻ってきます。訳を聞くと、徳力屋という質屋に行ったのだが、番頭が三文の銭しか寄越さないことに立腹していると、徳力屋の旦那が出てきて一文しか渡さなかったのでした。激怒したところで不意打ちのようにキセルで叩かれて額を割られた……とのこと。

大家はそこで八五郎に替わり、願書をしたためて奉行所に訴え出ます。担当はかの大岡越前。ところが逆に訴えた八五郎が銭を粗末にしたことを咎《とが》められ、五貫文（五〇〇〇文）の罰金を背負わされてしまいます。ただ温情として、八五郎が一度に払えないことから日に一文ずつ徳力屋に渡し、徳力屋が中継して奉行所に払いに行くという裁定になります。そのあくる日、まだ夜明け前に八五郎宅を大家が訪れ、一文を払ってこいとけしかけます。八五郎を叩き起こす格好で、「奉行所に持っていく」と半紙に受け取りを書かせて一文を納めさせます。

そして、奉公人が主の代わりに一文を奉行所に納めに行くと、「なぜ主自ら町役人五人組付き添いの上持参せぬのじゃ！」と越前は激怒します。五人組に日当を払い毎日一文ずつ持参せねばならないことが判明し、徳力屋は追い込まれます。

以後、毎日八五郎が嫌がらせのように一文返しにやってくるのですが、安眠を妨害されることになった徳力屋は、憔悴《しようすい》し切ってしまいます。

一方これが面白くなった八五郎は、日中に睡眠を取り、夜になると毎日徳力屋に一文返しに行くようになります。徳力屋は困り果て、このままだと一三年は眠れず、受け取りの用の半紙が五〇〇〇枚、五人組へ五〇〇〇日分の日当が莫大な量になってしまうことに気づき、八五郎に示談を持ち掛けます。その後、八五郎に八百屋の店舗を構え支度金を払った徳力屋は我が身を振り返り、省《かえり》みていい店になっていったのでした。

いかがでしたか？　こちらは「三方一両損」のような明快さはなくとも、「よくよく考えてみたらいいお裁きになった」という形での落着です。

「大工調べ」でも、与太郎が店賃を滞らせたことが発端《ほつたん》となり、大工の政五郎が奉行所に訴え出ますと、最初は店賃未納を断罪しますが、その後大家が越前から「質屋の営業株（鑑札のような免許）」を持っていない件を追及され、結果として「違法に道具箱を徴収した」不備を突かれ、その間仕事ができずにいた二〇日分の手間賃を払うように命じられます。

「五貫裁き」と「大工調べ」に共通するのは、**「一旦は訴えを受け入れる」という越前の姿勢**です。

そこで、短気な江戸っ子たちを怒らせておきながら、ラストに快哉《かいさい》というオチを持ってくるのが時代劇のスター、大岡越前であります。いつの世も、溜飲《りゅういん》の下がることを大衆は待ち望んでいるものですが、この越前の「相手の言い分をひとまず聞く」という作法は、現代でも通用するのではないかと感じています。

我が身を振り返ると、談志に課せられた「前座」突破の条件もそんな感じでありました。

弟子入りを打ち明けた時、「君の落語家になりたいという夢は、高貴なものだ」と言われました。

そのための交換条件が「前座突破」ということだったような気がします。まずは

「俺の言い分を聞いてから、そこからが本当のスタートだ」と。

旧態依然とした落語界に新風を起こそうとした談志は、途轍《とてつ》もなくロジカルでした。このあたり大岡越前と通底します。

「自己主張していいのは二つ目からだ。俺から言われる小言が嫌なら二つ目になるがいい。その条件ははっきりしている」

これが談志の完璧な言い分でありました。「落語五〇席＋歌舞音曲」という基準さえ全うすれば年数に関係なく昇進させてきたのが、談志でした。徒弟制度は不合理なもので、前座として入門した当初は私も「不合理矛盾に耐えるのが修業だ」とはよく言われましたが、それも一時期のみで、談志は基本は恐ろしいまでロジカルな差配を好んでいました。

ただ、談志が凄かったのは、この弟子のみに要求すべきロジカルさで己《おのれ》をも拘束していたことでした。

その象徴のようなセリフが「お前がどんなに嫌いな奴だったとしても、俺の昇進基準を突破したら認めるつもりだ。その逆に、お前をどんなに俺が気に入ったとしても昇進基準を突破しない限り一生前座だ」でした。

実際私の前座の後半期には、上納金未納問題で多くの前座がクビになるという大ナタを振るいましたが、そこには談志のかなり気に入っていたはずの弟子もいたものです。まさに中国の故事成語の一つ「泣いて馬謖《ばしょく》を斬る」の立川流における実例の一つでありました。

大岡越前はいまでいうならば裁判官です。日常生活を営む限り、まずは裁判沙汰を避けるようなコミュニケーションを取る姿勢こそ賢明ですが、それほど大きな案件ではなくとも、「ひとまず相手の言い分を聞いて、それから自分の主張を述べる」という生活哲学を、この大岡越前が登場する落語から学ぶべきではないでしょうか。

そうした方がきっと物事ははかどるはずです。

そして、「相手の言い分を聞く」という部分を、先回りして想像しながら立ち居振る舞うことのできる人を、「気が利く人」と呼んで古くから重宝してきたのではと、いまここまで書いてきてやっとわかってきました。

還暦近くなり、過去の半生の反省というシャレのような述懐から、大切なことが浮かび上がってくるとは。いやあ、「人生は五〇歳を過ぎてからだ」と談志のよく言っていた言葉はやはり正しいものでした。

待て、待て、待て。脊椎反射的に反応するな。
まずは相手の言い分、出方を吟味してみよ。
話はそこからだ。焦るでない。

柳田格之進

貧乏でも貫き通す「武士の意地」

「柳田格之進《やなぎだかくのしん》」という落語は、不器用な浪人の生き様を描いた落語です。

もとは講談から来ているのでしょうか、落語らしくない香りが漂います。

元来、講談は武士の教育用テキストとして、江戸時代に重宝されました。時は徳川さまのご威光のまぶしい世です。家康公を「神君《しんくん》」とまで呼んでいたのですから、それを神格化する教則本として支配階級にもてはやされたのが講談です。「精神一到何事か成らざらん！」と声高《こわだか》に主張するのが講談だとすれば、「冗談じゃねえよ、眠くなれば寝ちまうもんだよ」と明らかなる体《てい》たらくを「それでいいんだよ」と訴えるのが落語で、片や武家階級に、片や町人たちに愛されるという対照的な存在でありました。

我らが立川流は、講談が喋《しゃべ》れないと昇進できないという一門でした。談志がそもそも落語家よりは講釈師になりたかったとよく言っていたもので、講釈を語らせれば当然めちゃくちゃ上手く、「三方ヶ原軍記《みかたがはらぐんき》」は前座の頃、師匠の語るテープを擦《す》り切れるほど聞き込んだものでした。

浪人というのは、要するに「定職からあぶれ、殿様からの禄を食《は》んでいない」状態の武士であります。

現役で合格できなかった学生のことを浪人と呼びますが、「肩書きがないながらも、捲土重来《けんどちょうらい》を目指している」姿を、家来筋ルートから外れた武士と重ね合わせてそう呼んだのがすっかり定着したのでしょう。

このネタは、一門の兄弟子の立川談四楼師匠から教わりました。**「調子よくスイスイやってゆくこと」を是《ぜ》としない無器用さが、どこか現代人に訴えるものがある**のではという感じもするのでしょうか、いまでもいろんな落語家が語り継いでいる落語の一つです。

談四楼師匠を始め、多くの落語家が「上役の収賄《しゅうわい》現場を目撃し、その場で上役を戒《いまし》めてしまったのが間違った形で報告され、殿の怒りに触れ、浪人になってしまう。もとより言い訳をしない性分が追い打ちをかけてしまった……」という感じに格之進の人物像を設定しています。

柳田格之進は、彦根藩藩士。妻を早くに亡くし娘の糸とともに浅草阿部川町の裏店に住んでいます。武士の威厳を保つ実直な人柄が、周囲から慕われています。一番の贔屓《ひいき》が、蔵前の両替商・萬屋源兵衛。お互い大切な碁仇《ごがたき》でした。中秋の名月が美しいとある晩に、萬屋の離れで二人して碁を打っていましたが、あくる日、番頭の徳兵衛が主人の源兵衛に碁の最中に預けた五〇両の件を尋ねると見当たりません。徳兵衛は碁の最中に渡したというのだが、源兵衛は覚えていないというのです。

徳兵衛は格之進宅に昨晩の状況を伺いに出向きますが、マジメな格之進は自分が疑われたことを武士の恥とし、自害する覚悟を持ちます。それを悟った娘の糸は「私が吉原に身体を売る」と言い放ち、格之進を諭します。「五〇両が出てきた暁《あかつき》には源兵衛、徳兵衛の首を刎《は》ねて家名を守ってほしい」。そんな糸の言葉を頼りに一緒に吉原へ出向き、娘と引き換えの五〇両を手に入れ、萬屋に行って小僧にぶつけるように渡し、去ってゆきます。

翌日、徳兵衛は満面の笑みで、小僧から聞いた五〇両の一部始終を源兵衛に伝えると、源兵衛は余計なことをしたと激怒し、謝罪しようと徳兵衛と一緒に格之進宅に出かけるのですが、すでにモヌケの殻でした。

格之進の行方《ゆくえ》はわからないまま、年末のすす払いの時期になります。すると、小僧が離れの額縁の裏からなくなった五〇両を発見します。源兵衛は、月見の宴《うたげ》の晩、小用に立つ際に自分が隠したことを思い出したのでした。再び格之進を捜《さが》すよう店の者達に指示を出しますが、相変わらず行方はわからないままでした。

年が明けて正月の三日、雪の降る中、徳兵衛は年始回りの帰りに湯島天神の切通しで、身なりの立派になった柳田格之進と再会します。聞けば、格之進は主家への帰参が叶い、いまや江戸留守居役《るすいやく》に出世したのでした。土下座し、五〇両が出た旨を伝える徳兵衛でしたが、明日、店へ参るから首を洗って待てと言い渡されます。

翌日、格之進がやってきます。首を討つのは自分だけにして欲しいと徳兵衛をかばう源兵衛ですが、一切聞き入れない格之進は五〇両の謂《いわ》れをそこで始めて明かし、娘が客を取ることなく家に戻ってきたのはいいが、全く口をきいてくれないことを打ち明けます。そして、刀を抜いて一閃《いっせん》。が、真っ二つに斬られたのは、二人の首ではなく碁盤でした……。

この落語、演者によっては、誤解が解けたのち、糸と徳兵衛との間に恋が芽生えるというハッピーエンドに持ってゆく展開もあります（それぞれの落語家の価値観での演じ方ですので、それぞれの良さを満喫してみてください）。さらに私は、このオチまでの過程を昨今の価値観に合わせて変えています。

さて、この格之進の生き様がいまの令和の世でもリスペクトされているのですから、江戸時代などは、やはり浪人は庶民たちからは「たいしたものだ」とその規律の順守ぶりをまぶしく見つめられていたのでしょう（無論、飲み代や借金などを平気で踏み倒すよからぬ浪人は唾棄《だき》されてもいました）。

その庶民が見上げる生き方の主張が強いからこその自縄自縛《じじょうじばく》に陥り、一番のあおりを食らったのが格之進の価値観をとことん評価していた源兵衛だったという、よく考えてみたらとても切ない物語こそ、この「柳田格之進」であります。

二〇二四年には、草彅剛《くさなぎつよし》さん主演でこの「柳田格之進」が原作となった時代劇映画『碁盤斬り』が公開されるとのこと。いまからとても楽しみです。

ところで、「自らの基準を突破するまで辛抱する」という生き方を選択しているのは、格之進のような仕官が叶うまでの浪人も、大学入学や司法試験のために一日何時間も勉強する学生も、全く同じです。

ここで、私は、九年半も続いた前座時代に「前座さんは浪人と同じですよね」と言われたことを思い出しました。

前座も、大学に落ちた受験生も、江戸時代の浪人も、「きちんとしたところから信頼が得られていない」状態である点は一緒です。私の場合は特に大学受験に関しては浪人せずに現役で入りましたから、本当の意味での浪人生活を入門してから味わうことになりました。ま、もっとも大学に入る時に苦労しなかったからこそ、安直に落語家になろうと思ってしまったのかもしれませんが。

「落ちぶれて袖に涙のかかる時人の心の奥ぞ知らるる」という歌があります。いま振り返ると前座の九年半は生活面で苦しいことはありましたが、陰ではこっそり楽しんでもいたように思えています。苦しいだけでしたら、追い詰められてすぐ辞めていたはずですもの。

当時住んでいた大泉学園周辺は、椎名町のトキワ荘（現・東京都豊島区南長崎）もほど近く、漫画家さんやその予備軍の同じような若い人たちと巡り会うケースもありました。生活のリズムも同じなのでしょうか、銭湯に入るタイミングが一緒だと何気ない会話から氏素性《うじ》などを話すようになり、「この前近所の鰻《うなぎ》屋さんに事情を話したら、うな重食わせてもらいましたよ」という情報をゲットすると、自分もお返しとばかりに「この角のS先生という歯医者さん、落語の好きな方で談志の弟子だと言ったらタダで診察してもらえました」などと有益なネタを提供したりと、それはそれで密かに楽しい下積み時代だったことをふと思い出しました。

もしかしたら、江戸時代の浪人も庶民の間では一目置かれて、「今月の店賃は結構でございます」と大家に言われたり、あるいはならず者を追い払い町娘を助けるなどした浪人は、「まあ、一杯やりましょう」などと誘われ、タダ酒などもこっそり味わっていたのかもしれません。

九年半もの長いあの前座の期間、カネはなくとも楽しめていたことと同じく、「世間はきっと捨てたものではない」というか、庶民の底力がきっとさまざまな浪人を密やかにこっそりと支えていたのではと確信します。

田中三太夫の項でも書きましたが、そういう「大目に見る」というのはもしかしたら「中間層」の役目で、そんな衝撃吸収的立場の人々がいまや少なくなってきたことが、最近の「孤独死」「自殺」の増加の遠因なのかもしれません。

世間は「お互い様」みたいなものです。格之進が武士道の理想を追求できたのも、私が三〇年以上前の前座時代を満喫できたのも、江戸から東京へと時代は変遷しても通奏低音のように横たわる**「おおらかさ」といういわば「社会の免疫力」があった**からでしょう。そしてこの令和を生きる落語家は、前座を突破すれば、ギャラこそ上がりますが、そうはいってても正社員でもなんでもないのです。世間に甘えなければ成り立たない職業の代表格でもあります。

どうぞみなさん、この本をご家族、同僚、ご友人にもおすすめください。

なるほど。令和の世は草彅さんが儂を演じるのか。とても楽しみじゃ。儂の無骨な生き方が令和を生きる皆の衆にとって有意義なものであることを願う。

千代田卜斎

通すべき筋を通して譲らぬ頑固者

千代田卜斎《ちよだぼくさい》は、「井戸の茶碗」のみに登場します。いやあ、頑固というよりは、「頑迷」という感じでしょうか。

「井戸の茶碗」のあらすじは――「正直清兵衛《せいべえ》」とよばれる屑屋《くずや》の清兵衛さんが、裏長屋へ入っていくと美しい娘とその父親である浪人・千代田卜斎に会います。卜斎は武家の出自でしたが、昼は子供相手の素読の指南、夜は売卜《ばいぼく》をして糊口《ここう》をしのいでいました。卜斎は仏像を買ってもらいたいと言うのですが、目利きに不安な清兵衛は「三〇〇文で買ってそれより高く売れたら儲かった分は折半しましょう」と、ひとまず三〇〇文で仏像を預かります。

清兵衛が仏像を籠《かご》に入れて歩いていると、細川侯のお屋敷の窓下《そうか》で馬廻り役の武士・高木作左衛門に声をかけられます。高木は清兵衛の運んでいた仏像を大変気に入り、四〇〇文で買います。

ところが清兵衛が帰った後、高木が仏像を一生懸命磨いていると、台座の底の紙が破れて中から五〇両が出てきます。もとより潔白な高木は「仏像は買ったが中の小判まで買った覚えはない。もとの持ち主に返すのが筋」と頑《かたく》なで、最前の仏像を売った清兵衛を捜し始めます。高木と中間《ちゆうげん》は屑屋が通過するたびに顔を確認するのですが、それが屑屋の間で「一体誰を捜しているのだろう」との話題で持ち切りとなり、その屑屋こそ清兵衛と判明します。

仲間内では、「清兵衛が鑑定できないのに売った仏像の首が、洗っているうちにポトリと落ちてしまった。かような縁起の悪いものを売った屑屋を同じ目に遭わせてやる」と怒っているに違いないとなり、「あのお窓下《まどした》を通る時は黙って通れ」とアドバイスを受けるのですが、ついいつもの癖で売り声を出してしまい、清兵衛は高木と中間に捕まってしまいます。怯《おび》え切っていた清兵衛でしたが、そこで五〇両のことを聞かされ、「もとの持ち主に返してほしい」という高木の潔白さの虜《とりこ》になり、頼みを引き受けて五〇両を返しに千代田のもとへ行きます。

しかし、千代田はその五〇両に気づかなかったのは自身の責任と主張し、「受け取らん」と拒否します。仕方なしに清兵衛は高木のもとへ返しに行きますが、高木も頑《がん》として受け取りません（このやり取りが笑いを増幅する箇所です）。清兵衛が困り果てていると、長屋の大家が「千代田と高木にそれぞれ二〇両、苦労した清兵衛に残りの一〇両でどうか」と仲裁案を出し、高木は受諾しますが、頑固な千代田はこれも拒絶します。大家が直接千代田と交渉し、「何か二〇両のかたになるものを高木に渡したらどうか」と提案します。千代田が折れ、父の形見として普段使いの茶碗を高木に譲ることで、騒動は一件落着します。

さあ、この話が細川家中に広まりお殿様の耳にも入ります。感心した細川侯が「茶碗を見たい」と言うので高木が茶碗を差し出すと、目利きの者が見て「これは井戸の茶碗という世に二つとない名器だ」と鑑定します。細川侯は三〇〇両でこの茶碗を買い上げ、また話が一段と大きくなってしまいます。高木が「例にならって折半。一五〇両は千代田に返すべき」と、その役を清兵衛に負わせます。

困惑しながら清兵衛が卜斎宅を訪れると、やはり断ります。そこで「前みたいな形で一五〇両のかたはないか」と訴えるのですが、卜斎は、「一人娘を高木殿が嫁としてもらってくれるならば、この一五〇両は支度金として受け取る」と言います。清兵衛から話を聞いた高木は、この提案を承諾します。清兵衛は嬉しくなって「いまは粗末ななりをしているが、こちらへ連れてきて一生懸命磨けば見違えるようになりますよ」と娘のことを話すと、高木は「いや、磨くのはよそう、また小判が出るといけない」。卜斎のこの「頑迷さ」が苦手だという感じがどうしてもして、私はどちらかというとこの清兵衛さんに重きを置いています（第五章で詳しく述べます）。

後半、清兵衛さんに半分キレさせて「あなたがおとなしく物事を受け入れていたら、みんなこんな苦労しなくて済むんですよ！」と涙ながらに訴える演出にして、「かたじけない、この通りだ」と頭を下げさせ、「ダメですよ、お武家様が屑屋ごときに頭を下げては」と言わせています。

先に述べた柳田格之進と比べてみますと、千代田卜斎の方が、老齢の域に差し掛かった感じがします。晩婚だったのでしょうか。そして柳田格之進同様、妻を亡くして美しい娘と二人暮らしという設定です。

武家としての理想を唱えているうちに年を取ってしまったものですから、余計頑迷《がんめい》になってしまったのかもしれません。

ただ柳田が頑迷さを誰に気兼ねすることなく存分に極められる環境でいたからこそ、碁仇の首を斬る寸前まで追い詰められるのに対し、この卜斎は娘の円満な嫁ぎ先も最後に手中に収めます（「柳田格之進」でもそのような円満な演出にする落語家もいます）。

卜斎の頑迷さにブレーキをかける役として登場するのが清兵衛であり、そして同じような頑固さを有する高木作左衛門でしょう。清兵衛を通じてわかってきた高木の生マジメさを、きっと卜斎は若き日の自分を見るように心のどこかで頼もしく思っていたはずです。その思いがラストになってMAXになり、手塩にかけた娘を嫁にやるという流れになるのでしょう。

このあたりは微妙です。無論、昨今のLGBTQという新しい価値観が認知された令和において、「娘の意向や意志を無視するかのような形で結婚させて本人は幸せなのか」という疑問が出てくるのは当然でしょう。だからこそ、それぞれの落語家がそれぞれの感性を時代に沿わせることにより、匙《さじ》加減を変えてゆくべきであります。おそらくいまの「井戸の茶碗」に至るまでも、過去の落語家たちがそれぞれの思いをぶつけてきたはずなのですから。

ここでふと思いました。この噺には、「人を、一人にさせてはいけないよ」という深い意味合いが込められているのかもしれません。「柳田格之進」には行きすぎた考えを諌める役が出てきません。だからこそ自らの考え方も先鋭的になり、結果として寸前に救われるとはいえ、娘が吉原に身を沈めざるを得なくなるなど、悲惨です。

「手を洗う時は両手で洗う」ものです。片手では手はキレイに洗えません。やはり人も、**自分の言動を否定する存在も含めて、広い意味で他者という壁があってこそ自分の行き先も定まってくる**ものです。

「犯罪者は孤独がもたらす」とは、千葉で再チャレンジ支援の仕事に携わっている渡邉正行さんからよく聞く言葉です。

「どんな人でも居場所さえあって、そこに人がいてやりがいを感じたら更生できるはず」と、「ハートピア故郷苑」という老人ホームを経営しながら、渡邉正行さんは少年犯罪に手を染めてしまった若い子にチャンスを与える活動に勤《いそ》しんでいます（拙著『花は咲けども噺せども』〈ＰＨＰ文芸文庫〉の第四話の白石のモチーフとなっている方です）。

自身を振り返ります。

ここに至るまで、談志という強烈な他者がいてその巨大で絶大な壁を乗り越えようともがき続け、気が付けば、いまなんとか落語家の末席にいさせてもらっています。

家庭内に目をやると、カミさんというこれまた強烈な他者が還暦近くになった私の言動も差配しています。そしていまや成長した二人の息子たちが、私のSNSまでも逐一《ちくいち》パトロールするようにチェックし、上部機関であるカミさんに報告します。

「パパがまたこんなことつぶやいている！」とカミさんに報告されると、「なんてこと言うの！」と軍法会議にかけられるような形となります（柳田にも娘が確かにいましたが、結果娘も柳田と同じ価値観にとらわれ、不幸になってしまっています）。

自分の意見とは反対の意見に耳を傾ける。そして、その葛藤《かっとう》の中から本当の自分が形成されてゆく。これが「人の間」と書く「人間」で、それが人類の英知だったからこそ人類はここまで発展してきたのでしょう。

「あなた、また私のこと書いているの？」

カミさんの声が聞こえてきそうなので、この辺にしておきます。

千代田卜斎の一言

気が付けば、ほうぼうのいろんな皆の衆に
支えてもろうておるのう。ありがたいものじゃ。
もっとこれからは甘えてみることにいたそう。

万事世話九郎

鋭い機転が冴える知恵者の武士

万事世話九郎という、いかにも取って付けたような名前のお侍が登場するのは、これまた「宿屋の仇討《あだう》ち」という名作落語のみであります。

「万事に世話を焼けるほどの目端《めはし》は利くものの、苦労ばかり」というシャレの意味が込められてこそのネーミングでしょうか。

「宿屋の仇討ち」のあらすじはこんな感じです。演者によってさまざま舞台が変わりますが、私は一門のぜん馬師匠に稽古をつけていただきました。

舞台は江戸にほど近い神奈川宿という設定です。いよいよ明日は江戸に戻るだけという京・大坂からの旅のラストの晩ということで、神奈川宿はとても賑わう宿場町だったそうです。

さてその中の「菊屋平助」という旅籠《はたご》に泊まりに来たのが、「江戸番町において一刀流指南をいたす」万事世話九郎その人でした。世話九郎は旅籠の若い衆・伊八に、昨晩は小田原に泊まったが力士のいびきやら巡礼親子のひそひそ話やらで一睡もできなかったので、狭くてもいいから静かな部屋に案内してほしいと訴えます。二階の一部屋をあてがうと、急に客が増え始める中、三人組（源兵衛・金八・義三）がその世話九郎の隣の部屋に泊まることになります。

三人は旅の恥は掛き捨てとばかりに芸者・幇間を呼んでどんちゃん騒ぎをしますので、世話九郎が伊八を呼んで隣を静かにさせるように言います。伊八がその旨を隣の三人組に伝えると、侍が怒っているとビビり、一旦は静かになります。しかし旅の思い出話をしているうちに、今度は相撲の仕方噺《しかたばなし》になり、襖《ふすま》を突き破るほどの騒ぎへと火が付き、またまた伊八が世話九郎からの苦情を承り、三人組に伝えに行きます。

今度こそ静かにしなきゃと、女からモテた話なら静かになるはずとばかりに源兵衛が、三年前に上州《じょうしゅう》高崎で、武士の妻とねんごろになった挙句に、その現場を目撃したその武士の弟を斬り殺し、妻の方も始末したばかりか、その妻が手にしていたカネまでも奪ってしまったという体験を述懐しますと、「源ちゃんは色事師！」とほかの二人が一層囃《はや》し立てます。

すると世話九郎がまた伊八を呼び、「拙者、万事世話九郎と申すは浮世を偲《しの》ぶ仮の名。本当は上州高崎藩の殿の指南役だ。三年前妻と弟を殺《あや》められ、仇《かたき》を討とうと仮の名前で旅を続けておったが、とうとうその仇に巡り会えた。その仇こそ隣の部屋にいる源兵衛じゃ」と告白します。

驚いた伊八がそれを伝えに三人組の部屋に行くと、源兵衛は真っ青になって「全部ウソ。たまたま草津で聞いた話を自分のことのようにして喋っただけ」と打ち明けます。呆れながら伊八がその旨を伝えに世話九郎のもとを訪れるのですが、激高《げきこう》して「どちらでも構わん。明朝宿外れにて三人組を出会い仇に処す。逃がしたる場合にはこの旅籠に泊まる者どもを皆殺しにする！」と厳命します。

驚いた伊八は奉公人総出で三人組を縛り付けます。三人組は眠れもせずに朝を迎えますが、世話九郎は爆睡します。翌朝、世話九郎は昨夜話したことはすべてウソだったと伊八に告げます。呆れ果てた伊八が「なぜそんなウソをついたんです？」と聞くと、世話九郎は「おかげで拙者ひとりぐっすり眠ることができた」。

この落語には思い出があり、前座の当時、談志は「ひとり会」という月例の独演会をこなしていました。その会の前座は当時すでに真打ちであった兄弟子各位が務めていました。

ある月の「ひとり会」の時、ぜん馬師匠がその前座を務めていました。師匠は毎月楽屋入りが遅かったので長めのネタでつなぐのが慣例となっていて、ぜん馬師匠はその日このネタ「宿屋の仇討ち」をかけていました。袖で聞いていたのですが、お客さんも聞き入るように集中していた時でした。

「いつまで、こいつは喋っているんだ?」と談志はしびれを切らし、「これは俺の会だ」とばかりに、「宿屋の仇討ち」の落語の中で世話九郎が伊八を呼ぶ際の「いはちー!」に合わせて「ぜん馬ー」と袖から手を叩きながら催促したのです。

お客さんは大爆笑。ぜん馬師匠も困惑しながらも「この続きは、私の独演会で」と一言述べて下がってきたことがありました。まだうちの師匠も若く、ぜん馬師匠も若く「師匠に見せてやるんだ」みたいな気概を垣間見《かいまみ》た思いがしたものでした。

さて、この世話九郎の行為ですが、私はとても知性を感じてしまうのです。お侍は帯刀を許されていて「無礼討ち」も認められていました。「切り捨て御免」という作法は、足軽《あしがる》などの末端の武士にも許されていたとのことですが、実際には目撃者や証拠などの「理由」が明確でない場合は違法である「辻斬り」として、むしろ処罰の対象だったとのことです。

実際、度胸試しとばかりに武士に食ってかかる町人も散見されたとのことで、ここで「首提灯」という落語を思い浮かべます。「武士をとことん愚弄《ぐろう》した町人が、その武士に首を斬られ、それに気が付かず歩き続け、斬られた首をユーモラスに動かす噺」でありますが、その一例でしょう。

江戸の世が、特に後半期に至って泰平の御代《みよ》とばかりに平和が保たれ続けてきたのは、「武家階級の忍耐」もその大きな理由ではないでしょうか。

武力を持つ側こそが同時に持たなければならないのが「忍耐」で、それがあるからこそ安泰がキープされるのでしょう（プーチンを憂《うれ》います）。

そういう意味で言うと「忍耐の結果、安眠という目的を達成した」万事世話九郎からは、現代人は大いに学べる点があるのではないでしょうか。勝海舟と西郷隆盛との間の「江戸城の無血による明け渡し」などもその一例です。

やはり「ウソも方便」ということを、この落語の世話九郎の言動を通じて学べるのかもしれません。「理想」というものも、現実から激しくかけ離れているという意味においてはある種の「ウソ」でありますから、もしかしたら、日本国憲法も壮大なる方便的なウソなのかもしれません（うーん、深いですね）。

結果としていま現在平和が保たれているならば、それに越したことはないような気がしますがいかがでしょうか。もちろんその平和が周辺国から脅《おびや》かされる可能性は高まりつつありますが、少なくとも戦後のここまでの間戦争が起きていない事実には感謝しながら、重く受け止めるべきではないかと思うのです。

世話九郎の脅《おど》しも確かにウソではありましたが、おそらく世話九郎がかような振舞いをしなかったら、三人組以外のほかの泊まり客も眠れなかったのではと推察します（無論伊八たち奉公人の不眠の上に成立してはいますが）。

談志は「虚実というからには虚の方が大切だ。優先されているんだ」という独自の理論を展開していましたが、口へんに「虚」と書いて「嘘《うそ》」となるのですから、嘘も慈《いつく》しむべきなのかなとこの落語を聞くたび、演じるたびにその思いを強くします。

この後、万事世話九郎はどうなったのでしょうか。武力に訴えないで差配したここでの経験値を活かし、平和的手法で出世していったのではと思います。

「嘘はいいけど、人を騙しちゃいけないよ」と、ここでなぜか亡くなったテントさんという芸人さんからの言葉を思い出しました。上岡龍太郎さんのお弟子さんで、入門前にとある落語会の打ち上げで飲んだ時、そんな話になりましたっけ。

世話九郎は確かに「嘘」はつきましたが、たとえば伊八を騙して宿泊代をごまかすなど不当な利益を得てはいません。

「嘘と騙しの違い」。嘘は仏教でもある意味認められて「方便」として、人を真の教えに導く仮の手段として便宜的にも使われますが、「騙しも方便」などという言い方は決してしません。

「芝浜」でも女房が、亭主がおカネを拾ってきた事を「夢だった」と「嘘」をつきますが、そのカネを着服していたとしたら「騙し」になります。

「嘘は他人の幸せにため。騙しは自分の利益のため」

そんな定義ができるかもしれません。

万事世話九郎の一言

睡眠は何より大事じゃぞ。

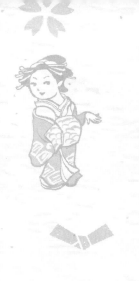

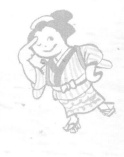

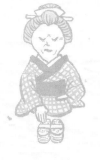

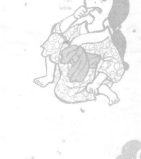

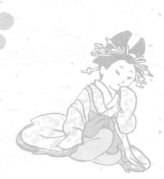

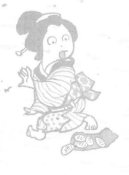

第四章

女性たちの しなやかさと賢さ

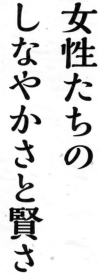

前説

当時の男性たちの「理想像」の投影

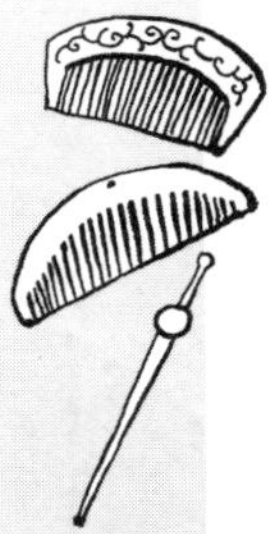

落語の中の女性は、おしなべてその地位が高く描かれています。

「火焔太鼓《かえんだいこ》」では、お人好しの甚兵衛さんが「男のバカと女の利口はつっかう（バランスが取れる）」と述懐していますし、「錦《にしき》の袈裟《けさ》」では与太郎が吉原に行っても恥をかかないように、近所の和尚さんから褌《ふんどし》に使う袈裟を借りるという知恵を女房からもらいます。

都合よく描かれているといってしまえばそうなのかもしれませんが、当時の男性の理想の女性像を訴えていたのでは、とも読み取れます。

拙著『落語で資本論』では、視点を変えて、「来《きた》るべき資本主義に対する予習」として、「儲け主義に疑問を持つ姿勢」が「三方一両損《さんぼういちりょうぞん》」などの「金儲けを否定する江戸っ子」をモチーフに描かれているのではないかと提案し、結果としては「日本人には資本主義に異議を唱える考え方が『実装』されてきたのでは」との仮説を唱えてみました。

過去もウケてきたからこそ現代へと受け継がれ、私を含めて現役の落語家たちが過去から受け継がれたものにアレンジを加え、なんとかブラッシュアップさせ続けています。この流れは不滅でしょう。よって、おそらく次世代、そして未来の落語家たちもかような姿勢を墨守《ぼくしゅ》するはずです。

つまり、落語は未来にも通用するコンテンツであるともいえるわけで、そういう立ち位置で見つめると、「落語は予言する」とも言えるのではないかと確信しています。

だからこそ現代人の価値観に照らし合わせても、設定は江戸時代なのにその斬新性にもときめくことになり、私のもとへ「落語コミュニケーション」なる講演の依頼が舞い込むのでしょう。

ＬＧＢＴＱやジェンダー意識、ルッキズム（外見至上主義）の否定など新しい考え方やそれに伴う感性はどんどん浮かび上がってくるはずでしょうが、それらを上手に取り入れながら時代の波に乗り続けてゆく――。これこそ「大衆芸能」たる落語の真骨頂であり、それぞれの時代に生きる落語家の「使命」ではないかと思います。

この第四章では、自分が江戸時代に生まれていたなら、「会いたいなと思う女性」をピックアップしてみました。

「気立てはいいが、芯が強くて、情にもろく、時として愛らしい」考えてみたら、師匠談志のおかみさんといい、私の妻も、そんな感じでありま す。

直接お礼を言うのも照れますし、また増長してもらっても困りますので、ここでありがとうと言います。わ、カミさんが背後で私を監視していたのでした（「替り目」という落語のオチそのものです）。

佐野槌の女将

娘も父親も幸せにする心意気

佐野槌《さのづち》の女将《おかみ》は「文七元結《ぶんしちもっとい》」のみに登場しますが、「文七元結」という名作中の名作は、この佐野槌の女将の言葉にこそあると感じるほど私は大好きな登場人物です。

文七元結のあらすじは……江戸本所達磨《だるま》横丁（墨田区）の左官の親方・長兵衛という、酒と博打に明け暮れる男が今日も博打ですられて裸同然で帰ってきます。すると女房が号泣《ごうきゅう》しながら「娘のお久《ひさ》が夕べからどこかに行ってしまった」と訴えます。そこへ吉原の大店《おおだな》「佐野槌」から番頭がやってきて、「娘さんはうちに来ています。おかみさんが親方に話があると言っていますんで、来てもらえませんか」と言います。長兵衛は女房の着ていた女物の着物を着て、番頭と一緒に出掛けます。

佐野槌に着くと、女将は昨日からお久が来ていたと打ち明け、「あんたの借金を帳消しにしようと、自らここに来て身体を売ろうとした」ことを明かします。

女将は、長兵衛に五〇両のカネを貸し、「向こう一年間はお久を自分が預かって身の回りの世話をさせる。が、もし長兵衛が来年の大晦日《おおみそか》までに返済できなかったら私は鬼になるよ。お久を店に出して客を取らせるよ」と言い放ちます（この「鬼になるよ」というセリフが響きます）。

長兵衛は、その条件を受け入れて帰りますが、吾妻橋で身を投げようとしている若者・文七を見つけます。文七は「小梅の水戸様（水戸徳川家小梅邸）の掛け金をすられてしまったので死んでお詫びするしかない」と頑《かたく》なでした。いくら言い聞かせても死のうとするので、長兵衛は懐の五〇両を渡し、そのカネを手にした由来を語ります。それでも受け取れないとする文七にその大金を叩きつけ、長兵衛は去ってゆきます。

文七が近江屋に帰ると、すられたと思っていた五〇両は先方で碁に夢中になるがあまりに置き忘れていただけで、すでに先方から届けられていました。増えてしまった別の五〇両をめぐり、文七は吾妻橋での経緯をすべて打ち明けます。主の近江屋善兵衛はその話に心を打たれます。

翌日、善兵衛は文七を連れて長兵衛の長屋を訪れます。昨日の大金をめぐって、夜通し夫婦喧嘩をしているところでした。善兵衛は昨日までの経緯を話し、「文七の親代わり（文七を養子に受け入れる）になってほしい、近江屋とも親戚付き合いをしてほしい」と言います。そして近江屋が表に声をかけると佐野槌から身請《みう》けをされ、美しく着飾ったお久がやってきます。

この後、文七とお久は夫婦になり、近江屋から暖簾《のれん》を分けてもらって麹町《こうじまち》貝塚に元結の店を開いてたいそう繁盛しました――。

大ネタであり、「吾妻橋で自分の娘を売って得た大金を、自らの命を絶とうとしている見ず知らずの若者に惜しげもなく与えてしまう」という長兵衛の言動こそ「江戸っ子の本質」だと、いまでもさまざまな演者がそれぞれの価値観と美意識に基づき、いろんな演出を施しています。

談志の永遠のライバルだった古今亭志ん朝師匠の「文七元結」も鮮やかでした。「ただの通りすがりの若者の命を救うために謂《いわ》れのあるカネを未練なく渡す」というあり得ない行為に爽快感がみなぎり、本当にそこに神格化されたかのような理想の江戸っ子がいるかのような感じでした。

対して談志の場合は、同じ場面で長兵衛が逡巡《しゅんじゅん》します。そして、「愚痴じゃねえけど聞け」と言って幾分未練っぽくそのカネの由来について話します。そして、「このカネがなくっても、あいつ（娘のお久）は、生きてゆくよ、生きてゆくんだろうなあ」という場面が泣かせどころとなっていました。ぜひ聞き比べてみてください。

そして、やはり、この落語の中心である存在こそ「佐野槌の女将」であります。私は、この人は元女郎で地獄を見た人だと考えて演じています。

「親の体たらくでこしらえた借金を帳消しにしようと、自ら苦界《くがい》へ身を投じよう」とするお久に対して、「女としての超絶なジェラシー」をこの佐野槌の女将は抱いたのではないかと考えました。

本人のセリフで「いいかい、あたしゃ一五の時この里に売られてきたよ。親父の借金さ。女衒《ぜげん》にあたしを売った際のあの親父の薄ら笑いの顔、いまだに夢に見るよ。許すもんかい。でも、それに比べて、この子はなに？　親の借金を返すために自分からここに身体を売ろうとしているなんて話、あたしは初めてだよ。そしてこんな小娘にあたしは負けちゃってるのよ。悔しいよ、恥ずかしいよ。一体なんなのこれ⁉」と、感情をあらわにするセリフを吐かせています。

お久は一七歳という設定ですが、そんな年端《としは》もいかない小娘と張り合う無邪気さ、率直に敗北を認めるかわいらしさ、若さに対する無邪気な悔しさ、そして何より腕のいい職人として長兵衛に立ち直ってほしいと願う優しさ、大店を切り盛りする善兵衛すら一目置く胆力……。総合的な意味合いで女性としての魅力をすべて持つ最高の女性こそ、この「佐野槌の女将」ではないでしょうか？

私はこの落語は「博打（賭け）の連鎖」として捉《とら》えていました。

「父親を立ち直らせようと吉原に身を売ろうとするお久の博打」「それに驚いて長兵衛にカネを貸す佐野槌の女将の博打」「命を懸けて吾妻橋から身を投げようとする文七の博打」「五〇両を文七に渡した長兵衛の博打」「長兵衛にほだされ、親戚付き合いをしようとした近江屋善兵衛の博打」と、**それぞれの江戸っ子が次なる展開を信じてみんな命がけの「博打」を展開して一気通貫する**噺だからこそ、この落語は演じる側にも観る側にも薫風《くんぷう》が吹くのかもしれません。

でも、もう一つの見方は、この佐野槌の女将の「嫉妬」を起点に話が転がり出す展開かもなあとふと気づいたのです。

父親を助けようと健気《けなげ》にも吉原に「私を買ってください」とやってきた無垢《むく》で美しいお久に、佐野槌の女将がまず抱いたのは「嫉妬」ではないでしょうか。女将がかわいらしく見えるのは、その「嫉妬」ゆえだと考えます。やきもちは見方を変えればいじましくかわいらしく見えてくるものです。

そして、かような「女性の嫉妬」から得たカネを懐に吾妻橋にやってくる長兵衛は、売掛金をすられたことで死んでお詫びをしようとする文七に遭遇します。「世話になった主のために死を選ぼうとする」文七を、酒と博打に明け暮れた体たらくの長兵衛からしてみれば、そのある種の「純粋さ」に「嫉妬」したのではないでしょうか。

もしかしたら、かつての自分の清廉さをそこに見出したのかもしれません。「借金まみれのいまの自分も、かつては目の前の自殺願望丸出しの若者のような季節があったなあ」と、その瞳の輝きに心を奪われたはずでしょう。だからこそ悔しさの代金として、五〇両を文七に叩きつけたのです。

そして、その大金を持って帰った文七は、そのカネの由来を主の近江屋善兵衛に打ち明けます。善兵衛の立場は、「大店の主として切り盛りしている」身分でしょう。そこから見える景色は、本人にも述懐させていますが、「商人として成功を手に収めた形だが、この世の世知辛さばかりに接し、世の中もうこの先いいことはない。カネ、カネばかりだ。所詮《しょせん》人間はカネなのかもな」というあきらめの気持ちになっていたことでしょう。

そこに、文七から「カネでは動かない江戸っ子中の江戸っ子＝長兵衛」がいたことを訴えられ、まだ見ぬその男に激しい「ジェラシー」を抱いたはずでしょう。そして、「負けてなるか」という気持ちが燃え、ならば「向こうにも嫉妬心を抱かせてやれ」とばかりに、長兵衛に対して「近江屋との親戚付き合い」を切り出して、その「ジェラシーとのバランス」を取ろうとしたのだ、と。ほとんど妄想ですが**「嫉妬」をキーワードに分解すると、この落語がより明確になる**ような感じがします。

「とかく善行ばかりに目が行きがちなこの人情噺の名作も、その触媒《しょくばい》となって噺を転がす原動力こそ嫉妬だった」というのは、新たな切り口になりそうな気がしてなりません。

落語家が私のことを知りたいって？
寄ってたかって言いたいことを言っているんだろ。
面白くなかったら、あたしゃ鬼になるよ。

魚勝の女房

夫を立ち直らせるため、大一番のウソ

魚勝の女房も、落語の世界を代表する女性といえるでしょう。「芝浜」が落語を代表するような噺《はなし》にまで、昨今盛り上がってきているからでもあります。

「芝浜」のあらすじは……魚屋の勝五郎は、魚屋としての腕、目利きはいいのですが、とあることがキッカケで酒浸《さけびた》りの日々が続いていました。しびれを切らした女房が「いつから商いに行くの?」と聞くと、「明日から行くから、今日はたっぷり飲ませろ」と言います。亭主はがぶがぶ酒を飲んで眠りにつきます。

あくる朝、女房にたたき起こされて魚河岸《うおがし》に出向くと、問屋はどこも閉まっています。そこで勝五郎は女房が刻《とき》を間違えて起こしたと気づき、仕方なく煙草《タバコ》を吸って時間をつぶしていると、波打ち際に流れ着いた革財布を見つけます。拾ってみると中には大金があると判明。勝五郎は懐にしまい込んで帰宅します。

女房の面前で中身を勘定しますと四二両。勝五郎は「もう働かねえ。一生遊んで暮らせるカネが手に入った」と大喜びし、「ひとまず寝る。起きたら湯に行き、友達を呼んで大騒ぎする」と寝てしまいます。

そんな夢見心地な勝五郎は女房に再び起こされて、商いに行く催促《さいそく》をされます。「もう働かなくていいんだ。大金を拾ったんだから」という勝五郎に、女房は「カネなんか拾っていない。そもそも魚河岸にも行っていない。起こしても朝起きなかった。昼過ぎに起きて『湯に行く』と言って出ていって帰りに大勢友達を連れてきて飲んで騒いで、また寝たもんだからいま起こしただけ。いつ商いに行ったの⁉」と詰問《きつもん》され、「おカネを拾った夢を見たのよ！」という女房の訴えを信じてしまいます。それから勝五郎は、人ががらりと変わって、大好きだった酒までやめて真人間に戻って働きます。

その三年後の大晦日《おおみそか》のこと。女房は神妙な顔をして亭主に、「三年前のあの財布を拾った話は本当だったの」と、ウソをついていたことを革財布を見せて謝罪します。

——あの時どうしていいかわからなかったけど、大家さんに相談したら「そんなカネを使ってしまったら罪人になるから、拾ってきたことをすべて夢にして、お上《かみ》に届けろ。そして一切合切夢《いっさいがっさい》にしてしまえ」と言われたので、「あれは夢だった」とウソをついていた。しばらく前に、この財布は拾い主のうちらに戻ってきていた——と。「お前さんを罪人にしたくなかったから」と涙ながらに詫びる女房に、亭主は「ありがとう。お前のウソのおかげで俺は救われた。もう泣かなくていいよ」と許します。一件落着とばかりに勝五郎に、女房は三年ぶりの酒を勧めます。なみなみと注がれた茶碗酒を飲もうとする勝五郎だったが、「よそう。また夢になるといけねえ」。

あの三遊亭圓朝《えんちょう》師匠（一八三九〜一九〇〇）が「芝浜、革財布、酔っ払い」の三題から作ったといわれ、作られた当初はいまよりずっと短い尺の落語でした。

この落語に磨きをかけたのが、三代目・桂三木助《みきすけ》師匠（一九〇二〜一九六一）でした。この短い落語を一代で練り上げ、名作中の名作へと仕立て上げました。一説によると、このお師匠さん、実は名うての博打打ちだったそうですが、博打から足を洗って落語に精進して名人と呼ばれるような存在になったという自らの軌跡が、「魚勝が酒をやめて商いに精を出す」落語のストーリーと被《かぶ》ったからこその説得力だったなどといわれています。

三木助師匠の「芝浜」は、短編映画のようなシェイプアップされた味わいがありますが（YouTubeでお聞きください）、そこに「これでもか」と切り込んでいったのが談志の「芝浜」でした。

「良妻賢母型」の三木助版・魚勝の女房を、談志はガラリと変えてしまいました。

「お前さんのためにウソをつきました」と素直に述懐する三木助師匠の形から、「あたし、どうしていいかわからなかった。でも、お前さんと離れたくなかった。だからあれは夢だったってウソをついちゃった」という、より現代に即した談志好みの女性観を全面に出す形でした。

「昭和前期から中期」が三木助師匠の「芝浜」ならば、「昭和後期から平成前期」が談志の「芝浜」という時代区分で、そのそれぞれの常識や価値観に応じて微妙な差配を施せるという強みこそ、大衆演芸たる落語の真骨頂です。

「子別れ」という別れた女房とよりを戻す落語でも、明治生まれの圓生師匠は、「別れたカカアなんざどうでもいいけど、別れた倅《せがれ》に会いたい」と素《そ》っ気《け》なく言いますが、同じ場面を昭和生まれの志ん朝師匠は、「（別れたカミさんと）会いたくないと言えばウソになりますが、別れた倅にも会いたいです」と言っています。

さて、平成から令和を生きる私としては、「女房がウソをついたことを詫びるシーン」を変えるようにしています。談志バージョンですと、クライマックスで女房の髪を掴み「てめえ！」と怒る勝五郎に「話は最後まで聞くって約束じゃない！」と訴え勝五郎を冷静にさせ、述懐し始める形ですが、私にはもうこのシーンはＤＶ（家庭内暴力）に見えてしまい、そう思わせたらまずいとの判断からこう変えています。

勝五郎「わかったよ、ウソか。そういうことか」

女房「何よ？」

勝五郎「俺にウソをついて、喜んでいたんだろ？　こんなたやすいウソで騙せてちょろいもんだとな」

女房「そんなわけない！　違う、聞いてよ！」

と、女房を少し怒らせる形で核心に触れさせる演出です。

無論、誰のが正しくて誰のが間違っているというわけではなく、答えはやはり観客の反応にあるものと信ずるのみです。

そして、ここからは更なる私見を述べさせていただきます（いままでもずっと試験的私見でしたが）。

この「魚勝の女房」の最適解は、時代時代に応じて変更させてゆくべきものでしょうが、やはり現時点での妥協的解答は、観客もさることながら「それぞれの落語家の妻」にあるのではと、密かに私は思っています。

談志の演じる「魚勝の女房」は、おかみさんにそっくりでした。

とある人が、「立川談志の奥さんはこの人しかいないというのが、おかみさんだ」と言ったことがありましたが、それこそが真理だったと私も思います。いまもご健在ですが、天使のようなお方であります。「物事の本質を見極めるべく、日頃からロジカルに究《きわ》めようという生き方を貫いた談志」に対して、かわいらしい感受性で受け止めるようなタイプでした。

思い起こせば前座の分際で結婚した私でした。芯の強い私のカミさんは「日陰の女は絶対嫌。怒られてもいいから師匠のところに挨拶に行く！」と言い放ちました。高級メロンを持参しての挨拶決行でしたが、談志が「前座の身分をわきまえろ」と不機嫌になり奥へと引っ込んだ時、おかみさんが無邪気に出てきて「あら、どんな人なの？（奥から私のカミさんを見に来て）あら、かわいい人じゃないパパ！」と談志に向かって言ってくれたことが救いというか緩衝材《かんしょうざい》になったものです。

「藪入り」という子供の出てくる落語は、やはりリアルに子育てしていないとできない落語かもしれません。

やはり、同様に**「芝浜」はリアルな結婚生活という、いわば「個々人の膨大なデータ」をバックボーンに演じるべき落語**ではないでしょうか。時折私も夫婦喧嘩などもしますが、それとて「芝浜」のみならず、ほかに夫婦が出てきて喧嘩になる「堪忍袋」などを演じるための経験値とわきまえるようにしようと、いま改めて決意します。

ここまで書いてきて、結婚にまつわる素晴らしい人生訓をネットで見つけました。

「結婚は相互の誤解に基づくものである」（オスカー・ワイルド）

いやあ、これほどの名言はありませんなあ。

ここまで私が書いてきた「魚勝の女房」観も身勝手な誤解であります。カミさんが読んだらすぐ訂正させられるような内容かもしれません。

魚勝の女房の一言

みなさん、私のことをちゃんとした女房扱いしちゃってるけど、ちゃんとした女房だったら時間を間違えて亭主を起こしたりしないからね。

お染

心中を持ちかける現実主義者

お染も、「品川心中」という落語一席のみに登場するだけの女性ですが、そのインパクトたるやもの凄く、落語ファンの心にはしっかりと刻み込まれているような人物です。

「品川心中」のあらすじは……トウが立ち、常連客が減り、紋日《もんび》（遊郭《ゆうかく》における特別なイベントを行う日）に必要なカネの工面もできなくなった遊女のお染。こんな思いをするぐらいなら、ひと思いに死のうと思うのですが、一人で死んではつまらないと考え、「心中して死に花を咲かそう」と決意します。その相手を物色し始めるのですが、「帯に短し襷《たすき》に長し」で、なかなか決まりません。ようやく決まったのが貸本屋の金蔵でした。「金蔵は一人者だし、死んでも誰も悲しまない。バカでスケベだから死んだほうが世のためになる」という勝手な理屈からでした。

さっそく、相談ごとがあるからと思わせぶりな手紙を書くと、金蔵は品川へやって

きます（いつの世も男はバカですよね）。お染は四〇両のカネができないから死ななければならないと訴え、なんとか金蔵を説き伏せることに成功します。そしてその夜はとことんもてなします。翌朝、金蔵は家の物を道具屋に売ったカネで心中用の白無垢を買い、お染の分も揃えて長年世話になった親分の所へ暇乞《いとまご》いに行きます。

そして夕暮れ時、お染の所へ金蔵が訪れます。「今夜はお別れだからとことん飲んで騒ごう」とどんちゃん騒ぎをして、寝てしまいます。お染は金蔵の間抜けな寝顔を見て、情けない気持ちになりますが、覚悟を決めて、金蔵を揺り起こします。そして上手に唆《そそのか》し、裏庭から、栈橋《さんばし》へと連れ出すことに成功します。その時でした――「お染さんぇ～、お染さんぇ～」と呼ぶ声が聞こえてきたのです。

もはや後はありません。お染は躊躇《ちゅうちょ》して震《ふる》えている金蔵の腰を押し、海の中に落とします。続いてお染が飛び込もうとすると、後ろから来た若い衆に帯を押さえられました。「お旦《だん》が五〇両持ってきた。間に合ってよかった。心中なんかすることありませんよ」という若い衆の言葉でした。お染は、海に向かって「おカネができたっていうから、死ぬのは見合わすからね。悪く思わないでおくれ。いずれあの世でお目にかかりますから。どうも失礼」と悪びれもせず言ってのけます。

品川の海は遠浅《とおあさ》で腰までの深さしかなく、金蔵は助かります。元結が弾《はじ》けてざんばら髪でびしょぬれのまま、親分のいる博打場を訪れ、その風体《ふうてい》に一同が驚くという流れで、「品川心中」の（上）が終わります。

（下）の部分は、親分と金蔵が相談し、お染への意趣返《いしゅがえ》しを企《くわだ》て、見事その黒髪をバッサリ切らせるという展開ですので、ご興味のある方はぜひ聞いてみてください。

はてさて、「落語は人間の業の肯定」と定義したのがわが師匠でありますが、人間の「嫉妬」についてもこのように定義しました。

「嫉妬とは、己が努力、行動を起こさずに、対象となる人間をあげつらって自分のレベルまでおとしめる行為」

この定義に沿って考えてみると、お染は、その心中相手に選ばれた金蔵にしてみれば迷惑に違いないのですが、あげつらうのではなく、きっちり「心中」という「行動を起こしている」という点だけでも談志の理論からすれば立派なものなのかもしれません（無論立派ではありませんが）。

金蔵は海の中に突き落とされはしましたが、結果として無事で済み、その分無料で酒色をもてなされたのですからある意味ツイてるともいえますので、お互いフィフテイフィフティという感じではないでしょうか。

私は、この落語におけるお染を、悪人とは思えないのです。こういう**小悪魔的な女性の存在も許してしまっているのが落語の凄さ**でありましょう。あえて、教訓として挙げるならば、「若い時にチヤホヤされて蝶よ花よと愛《め》でられてきた人は、男性女性を問わず、可哀《かわい》そうな末路を辿《たど》るものだ」ということかもしれません。

実際かなり昔にこんな女性に遭遇しました。

「昔はキレイだった」という感じのお方でした。ご主人が実業家として活躍されているとのことで、その女性は専業主婦の傍《かたわ》ら、「自然食品」の店を展開していました。一目見て流行《はや》っているとは思えず、おそらくご主人のサポートがなければ立ちゆかないような感じの店構えでした。そこで落語会をと依頼されたのですが、前座に頼むのすらためらわれるような安いギャラでした。真打ちとしての相応《ふさわ》しいギャラを聞かれたので、正直に世間並みの相場を提示すると、私がカネの亡者《もうじゃ》であるかのように受け止められてしまいました。

断っておきますが、私はお仕事を受ける時は、正直金額は二の次です。あくまでも依頼してくださった方との「関係性」で決めさせていただいています。たとえばその女性との間に昔から私の落語会に来ていただいているなどの長いご縁があったとしたら、ギャラ云々《うんぬん》は度外視して承《うけたまわ》るのが通例のスタイルです（これは、おそらくどの落語家も同じような対応をするはずです）。

ところが、その女性とは「おカネの話＝不浄」みたいな感覚で捉えられたままの打ち合わせとなってしまい、とても困惑したものでした。

「自分は儲けないでやっているのだから、そんな私を応援するのは当然だ」という感じで向き合ってこられたので、非常に難儀したのです。

ご自身はおカネのことを気にせず、ご主人に店の赤字を被ってもらってるから大丈夫という環境にいるからなのでしょうか、あるいは極度の「性善説」からなのでしょうか。「自分の考え方は間違っていない」という感覚にとらわれたようなお方でした。

「スケジュールがふさがっていました」と上手に断って逃げたのでしたが、後日その方の学生時代の知人という女性に遭遇することになりました。無論自然食品店の女性の人格などを否定しないように注意しながら以上の話をすると、知人の女性は「あの子は、昔かわいくってチヤホヤされて勘違いしちゃったタイプなの」と切って捨てていました。

さあ、ここでお染とつながってきます。

別にその自然食品店の女性が吉原にいたというわけではありませんが、考えてみたらこういうタイプの方は結構いそうな感じでもあります。

「品川心中」の（下）まで聞けば、お染さんも金蔵もこれで「おあいこ」みたいな感じでオチが付きます。幾分話は飛躍するようで全く飛躍しませんが、もしかしたら、落語界の前座修業は、「他人から嫉妬されない、恨まれないための期間」にも見えてきませんでしょうか。

「若いうちにチヤホヤされるとロクなことはない」ということを悟った落語界の先輩方が、入門希望の若者をあえて入門と同時に厳しい徒弟制度に置く差配にはそんな深謀遠慮があるのではないかと、幾分買いかぶりながら感じています。

落語家になろうという若者はかつての自分もそうでしたが、「俺はすぐ売れるはず」という大きな誤解というか「うぬぼれ」を抱いたまんま入門するものです。その鼻っ柱をへし折り、強制的に謙虚にさせられる期間こそ前座修業期間で、自分は通常の落語家の倍以上の九年半も課せられました。確かにあの頃の私は勘違いそのものでしたっけ。

ところで、お染はこの後どうなるのでしょう。この痛い経験を活かし、心を入れ替えてゆくとは到底思えませんよね。だからこそ落語なのですもの。

「変わらねえから、性格っていうんだ」と談志はよく言っていましたっけ。

どうせなら、一生チヤホヤされたいものよ。
男なんてみんなバカなんだから。

喜瀬川

男を手玉に取る憎めない花魁

前項のお染がトウの立った年増《としま》だとしたら、喜瀬川はそんなお染の若かりし頃のような女性なのかもしれません。昨今ルッキズムとやらで、女性の美貌《びぼう》についてあからさまにひどく言うのは勿論のこと、綺麗な女性を表立って誉めるのすら控えなければならない世の中ですが、やはり喜瀬川もきっと美しいのでしょう。美しいだけではなく、男を騙《だま》してウソを重ねるのですから、知恵や知性もあるのでしょう。

さて、この喜瀬川は、「お見立て」と「三枚起請《きしょう》」という落語に登場してきます。「三枚起請」は、「起請」という「夫婦になる証《あかし》のような手紙」を三人のバカ男にやってしまい、その三バカ男たちから問いつめられる噺です。「起請」というのは惚れた相手一人に送るべき「希少」なもののはずなのに、目先のカネ欲しさに渡してしまうところが発端となっています。

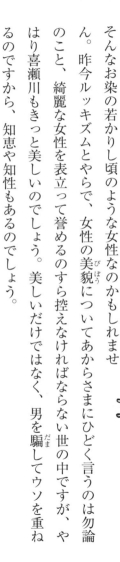

ここでは、「お見立て」で本領発揮をする喜瀬川にフォーカスしてみましょう。田舎者《いなかもの》で大金持ちの客・杢兵衛《もくべえ》（たいがい田舎者は杢兵衛という名前で出てきます）が、花魁の喜瀬川に惚れ込んで、その罪作りな言葉から夫婦になると信じて通い詰めています。彼女は杢兵衛が実は大嫌いだったのに、持っているカネに目がくらんで「夫婦になる」という約束を交わしていたのでした（結婚詐欺《さぎ》みたいな感じですね）。

ある日、杢兵衛が店を訪れるのですが、喜瀬川は会いたくないので店の若い衆・喜助に「患《わずら》って入院してしまったと言っておくれ」と伝えます。喜助は、その通りに杢兵衛に伝えますが、杢兵衛は、「入院しているなら心細いはずだ。おらの顔見れば元気になるから見舞いに行く」とまで言い出します。困り果てて喜瀬川に相談しに行くと、今度は「それなら亡くなったことにしなよ。病名はと聞かれたら、しばらく会いに来なかった杢兵衛に恋焦《こ》がれて焦がれ死にしたとお言い。最後ぐらい喜ばせてやろう」と言われ、そのまんま伝えます。

すると杢兵衛はあきらめて帰るどころか、今度は墓参りがしたいとまで言い出します。再び喜瀬川に伝えに行ったのですが、喜瀬川も腹立ちまぎれに「この近くの適当なお寺に入って、適当なお墓を見つけて、私の墓だといって墓参りさせたら気が済むはず。戒名《かいみょう》を読まれないように山ほどの線香と山ほどの花でごまかしちまいなさい」と無茶ぶりがヒートアップします。

喜助は呆れながらも杢兵衛を案内して適当な寺に連れて入ります。喜瀬川に言われた通りに、墓石に彫られた戒名をごまかすため、大量の仏花と線香を買い、適当な墓の前に立っては何度も「ここが喜瀬川の墓です」と言うのですが、全部とんちんかん。男性の戒名だったり、童女の戒名だったり。しまいには「故陸軍歩兵上等兵」の墓だったり。腹を立てた杢兵衛が「いったい本物の喜瀬川の墓はどれだ」と問い詰めると、「ずらり並んでおります。よろしいのをお見立て願います」。

遊女を指名する際に、「よろしいのをお見立てください」という流れがあるというのが伏線となってのオチであります。亡くなった志ん朝師匠の十八番で、私もリアルに寄席のトリで聞くことができて、爆笑したものでした。

私は、この落語は「ストーカー防止落語」ではないかと確信しています。この喜瀬川を、人気のキャバ嬢、あるいは握手会で仲良くなったＡＫＢ系のアイドルに置き換えてみましょう。

喜瀬川、そして彼女たちは、身も蓋《ふた》もない言い方をしますと、「お客さんをその気にさせておカネを取り込む」ことこそが仕事です。その腕のいい女性がナンバーワンやセンターという地位を得るのです。いやあ、正直「自分に本気になるわけがない」というブレーキが甘くなるのが男のサガでありますな。

植木等さんの『スーダラ節』の歌詞にもある通り、「騙したつもりが騙される」のがオチで「俺がそんなにモテるわけないよ」という自虐《じぎゃく》がそこに待っています。

古今東西、男が失敗するケースはほとんどがこういう「勘違い」からではないでしょうか。むろん女性側からみれば、好みのホストに大金を使ってしまうケースもあり、そういう意味でいうと昨今は男女平等の感は確かにありますなあ。

そして、これがこじれた形がストーカーでありましょう。

ただ、ストーカーは確かに迷惑そのものの行為に違いありませんが、その熱量はたとえばノーベル賞受賞者と同じぐらいのものなのではと思っています。その対象が「自分を受け入れてくれない女性」か「人類のためになる新薬開発」かの違いだけで、それぞれ取り組むべきパワーの総量は変わらないのではと思えてきませんでしょうか。

もしかしたら、我々落語家の大先輩たちが、「過去もいまも男はバカなのだから、おそらく未来もバカなまんまだろう。ああいうところの女性に優しくされたとしてもこういう裏話があるんだから、真に受けるんじゃないよ」という痛い失敗からこの落語を作ったのかもしれません。

手銭《てせん》では私は決して行きませんが、とある社長からの接待で銀座の高級クラブなどに連れていっていただくと、綺麗な女性から、翌日以降に歯の浮くようなフレーズだらけのラインが頻繁に送られてくることになります。

もう還暦近くもなり、やさぐれてくると、すべてお世辞だときちんとわきまえるようにはなっていますが、よく読めば、相手が真に受けるような、誤解をどんどん与えるようなスレスレの内容が綴《つづ》られているものです。

そんなギリギリのところで商売を成立させている彼女たちを心底リスペクトするのみですが、彼女たちの「言い換え方」からコミュニケーションの極意が学べそうな感じもしています。

以前、連れていっていただいたお店のナンバーワンの女性は本当に見事でした。

私が「落ち着きがない」と言うと、「いや、それって、切り替えが早いってことですよ」と切り返したのには、刮目《かつもく》しました。「うまいなあ、そうやって何人ものバカな男を騙《だま》してきたんでしょうね」と幾分意地悪く言ってみると、「違うんです！　私が騙したんじゃありません。男の人たちが勝手に夢を見ていたんです！」と言い放ちました。

いやあ、やはり、**どの世界、どの業界でも、トップを張るような人たちはそのジャンルを超えて輝くものを持っている**ものであります。参りました。とても勉強になりました。私をその店に連れていってくれた社長がその女性を気に入っていて、約一年後にまた連れていってくれたのですが、私の顔を見るや否《いな》や「あら、談慶さん、お久しぶりです！」と声をかけてきてくれました。

驚きました。完全に脱帽であります。その女性は、おそらくどんなところに行ってもトップを務められるのではとすら思いました。あとでその社長に聞いたら、その女性はとても努力家で、どんなに疲れて帰宅しても、その日もらった名刺とその人の顔とを結びつけるという努力を一日も欠かしたことがないとのことでした。

話は喜瀬川に戻りますが、やはり金持ちを手玉に取るというのは肉体的な喜びを与えるだけでは決してできないはず。きちんとアフターケアも含めた心のサポートがあったから、杢兵衛さんも虜《とりこ》になってしまったのでしょう。

想像するに、「俺は毛深いんだよな」と弱音や愚痴をこぼした杢兵衛に、「ううん、男らしいのよ」などとの「言い換え」がきっとそこにあったのではと推察します。

いつの世も男は弱い生き物であります。

考えてみたら、コロナ禍で落語の仕事が激減した際に、カミさんは「あなた、よかったじゃない！　小説書きたい夢があったんでしょ？　たっぷり時間もあるわ」と言って元気づけてくれたものでした。家庭内では完全に手玉に取られている私であります。杢兵衛さん、仲良くしましょうね。

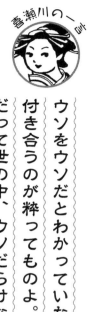

ウソをウソだとわかっていながら、付き合うのが粋ってものよ。だって世の中、ウソだらけなんだもの。

高尾太夫・幾代太夫

約束を貫く強さがある「理想の女性像」

「紺屋《こうや》高尾」と「幾代餅《いくよもち》」はほぼ同じストーリーの落語です。「幾代餅」は古今亭志ん生師匠の持ちネタで、古今亭一門に受け継がれました。古今亭一門以外の多くの落語家が、「紺屋高尾」のタイトルで演じています。染め物屋の職人か、搗《つ》き米《ごめ》屋の職人かの違いだけです。ざっくりとしたあらすじを申し上げます。

ともに「一目惚れした吉原の花魁《おいらん》に恋焦がれて恋煩い《こいわずらい》」した主人公（「紺屋高尾」は久蔵、「幾代餅」は清蔵）が親方から「カネさえあれば会わせてやる。働け！」と発破《はっぱ》をかけられ、無謀な形で三年でなんとかそのカネを手に入れ、藪井竹庵《やぶいちくあん》というインチキ医者の手解きで、その花魁に会いに行きます。念願が叶《かな》ったばかりではなく、その主人公の純真さに花魁が惚れ、なんとあくる年に嫁としてやってくるという、初恋が

成就《じょうじゅ》する落語であります。
「傾城《けいせい》に誠なしとは誰が言うた　誠あるまで通いもせずに振られて帰る野暮なお客の憎手口《にくてぐち》」という言葉の通り、「真実を貫く愛もあったんだよ」という噺です。
「紺屋高尾」の場合、三浦屋という吉原の大店では歴代トップの花魁はその名を継いでいたとのことで、ほかの高尾太夫があんまり良い余生を送れなかったのに対し、紺屋に嫁いだこの高尾太夫だけは夫婦円満に過ごしましたと、さらに続きます。

　ちなみに、私は長野県の出身ですが、この落語を善光寺近くのホテルで口演した後の打ち上げの席で、「善光寺の裏に紺屋高尾の灯籠《とうろう》があるよ」と地元に人に言われ、翌朝お参りしたことがあります（三浦屋の主の寄進によるものでした）。ぜひ長野に来た折には訪れてみてください。

　何気ない行動かもしれませんが、落語の裏にあるドキュメンタリーに触れることで、噺に芯が貫かれる感じがして大切なような気がしています。落語家として気ままに喋《しゃべ》ってきていたネタでしたが、史実に近い形で現代との接点を感じ、こういう些細《ささい》なことの積み重ねから次世代に落語は続いてゆくのではと推察しています。

　考えてみたら、吉原の花魁クラスになると、全国レベルの憧れの的《まと》になる存在です。本来は親の借金で売られてきたマイナススタートが、最高ランクになると天下人《てんかびと》をよろめかせ、大衆から絶大なる憧れの視線を送られるという構図の振れ幅には凄いものがあるなあとしみじみ思います。このあたり、将棋で「歩《ふ》」が相手陣地で「と金」になる「出世物語」的なものを、もしかしたらこよなく愛する国民性なのかもしれません。やはり一流の地位にまで昇り詰めれば、付き合う対象も必然的に一流になり、それに沿うかのように、見識や価値観なども比例して上昇してゆくのでしょう。中学しか出ていないで「褌担ぎ」からスタートする力士の世界も、横綱まで上がると大学教授などに比肩するほどの存在になるのと同じかもしれません。

ところで、高尾太夫にしろ幾代太夫にしろ、なぜ一介の職人に惚れてしまったのでしょう。このあたり演じる落語家の価値観により描き方が変わるところでありますので（どうぞ聞き比べてみてください）。

恋愛の経験はさほどない自分が言うのは全く説得力などありませんので、あくまでも仮説で申し上げますが、もしかしたら「恋愛感情」は人間の情念の中で時折発生する「バグ」なのではと思っています。

よく談志は、「人間は本能がぶっ壊れた欠陥品だ」と言っていました。「動物は立派だ。本能が盤石《ばんじゃく》だから子育てもプログラミングされているので、コインロッカーに子供を入れるなんてことはしない。『獅子が千尋《せんじん》の我が子を突き落として這《は》い上がってきた子を育てる』なんて話もあるが、『人間がコインロッカーに我が子を閉じ込め、そこから出てきたのだけを育てる』なんて話はないわな」とも、マクラで続けていました（もっとも動物園で飼われている動物、とくに哺乳類は育児放棄などもあるとのことですが）。

つまり本能が万全だから「バグ」がないのが動物であるのに対して、人間は「本能が壊れているからこそバグがデフォルト」であるともいえます。恋愛はそんなバグの象徴ではないかと感じています。だからこそ最高級の花魁が下っ端の職人に恋をしたり、大女優が容姿はさほどではないお笑い芸人と結婚してしまったりするのではないでしょうか。

ここで、さらに仮説を進めてみます。もしかしたら、「人は相手のダメな部分にときめく」ものなのかもしれません。

先日大学生の長男坊が「不思議だよな、パパみたいなふざけた男と、ママみたいなちゃんとした女性がなんでくっついたんだろう」と、私でもよくわからない疑問について語り出しました。カミさんは、九州は久留米の堅いサラリーマンの家で育ったきちんとした女性であります（私が言うのもおかしいのですが）。

私に限らず芸人の妻になるような女性は、たいていきちんとした人ばかりのような気がします（師匠のおかみさんも、父親は読売新聞の記者という堅気の出でありました）。

実際私がカミさんと結婚した時はまだ私は前座の身分で、カネもなく、仕事もなく、ないない尽くしで、あったのは食べさせていけるだろうかという「不安」だけでした。カミさんは長男坊の発言に対して無邪気に笑っていましたので、「それだけパパがママを惚れさせたんだよ」と言いましたら、思い切り否定されてしまいましたっけ（笑）。

ただ、ダメな私でしたが、ここで最前申し上げたように「私がいてあげなきゃ」とは思ってくれたようで、それが発端となり積もり積もっていまに至っているのではと思っています。男性も女性も自らを磨いてカッコよく見せたがるものでしょうが、**本当に惚れて愛《いと》おしく思えるものは、その人の隠したいことも含めてダメなパーツ**なのかもしれません。

高尾太夫も幾代太夫も、自分という最高の対象に会うために時間も含めた「コスト」をかけ、短期間で大金をこしらえてしまうバイタリティにまずは刮目《かつもく》したのでしょう。その前向きな力に、「いまの自分を変えてくれそうなポテンシャルや可能性」がきっと見えたに違いありません。「これからの自分の未来を変えてくれるパワー」を感じたはずです。

そして、その氏素性を聞いているうちに、本来は隠すべき恥ずかしい出自（身分の低い職人であるという事実）を、慟哭《どうこく》交じりに聞き、「私がいてあげなければ」と強く思ったのではないでしょうか。

かくいう私にもそんなことがありました。

カミさんとの付き合いも深まり、いよいよ結婚かなという時に、なかなか踏ん切りがつかないように見えた彼女に、私は苛立《いらだ》ちを覚え、つい以下の一言を言ってしまいました。

「なんで結婚してくれないんだ。俺の稼ぎが悪いからか⁉　じゃあどのぐらい稼げばいいんだよ！」

その時でした。ふだん気丈なはずの彼女が大粒の涙を目に浮かべ、「私、子宮筋腫の大きな手術をしているの！　あなたの赤ちゃん産めないかもしれないの‼」と訴えたのです。

「ああ、それが気になってずっと俺との結婚に二の足を踏んでいたのか」

そう思うと、彼女がとても愛おしくなってきました。この瞬間に私は、「この人は俺がいてあげなければ」と思ったのです。

話をもとに戻しますが、虚飾の世界にいた花魁が久蔵や清蔵を受け入れた心情、前座の不遇な私を思うカミさんの優しさ、「もしかしたら子供が産めないかもしれない」と訴えたカミさんを憂う私の気持ち。それぞれに「偽り」はありません。

人間の心を揺さぶるのは、結局いつの時代も人間のそういう部分なのではないかと思います。**「人には正直でいようよ」**。この落語を聞く度いつもそう思います。

高尾太夫・幾代太夫の一言

男たちよ、目の前の女性を真剣に口説いてみなさい。
決して私たちは高嶺の花なんかじゃありません。
一介のただの女です。

お清と与太郎の女房

二人の女性から学ぶ「江戸のおおらかさ」

「落語に出てくる女性」、最終項になりました。ラストを飾るべく、とても対照的な二人を挙げてみたいと思います。「お清《きよ》と与太郎の女房」です。

お清は「たらちね」という落語にのみ登場します。「たらちね」は前座噺《ぜんざばなし》の代表格で、落語の中の女性を演じるための教則本的な位置にあります。私も「道灌《どうかん》」「たぬき」の次にこの落語を覚えたものです。

「たらちね」は、独り者の八五郎が大家に縁談を持ちかけられたところから噺が始まります。厳しすぎる漢学者の父親に育てられたせいか、お清は言葉が丁寧すぎてしまうのが玉に瑕《きず》でした。「今朝土埃《つちぼこり》が激しく目に入ってしまった」と言うべきところを「今朝《こんちょう》は怒《ど》風《ふう》激《はげ》しゅうて小砂眼入《しょうしゃがんにゅう》し歩行《ほこう》なり難《がた》し」になってしまうというのです。八五郎はそんなことは気にならないと結婚します。

早速祝言《しゅうげん》を挙げて大家が帰った後、名前を聞いたのですが、お清は「自らことの姓名は、父は元京の産にして、姓は安藤、名は慶三《けいぞう》、字《あざな》を五光。母は千代女《ちよじょ》と申せしが、わが母三三歳の折、ある夜丹頂《たんちょう》を夢見てわらわを孕《はら》めるがゆえ……」などと始まってしまう有様です。その後も、丁寧すぎる言葉遣いのエピソードが炸裂《さくれつ》してゆきます。

一方、与太郎の女房はこれも「錦の袈裟」一席のみに登場します。「錦の袈裟」は、町内の若い衆が隣町の連中に負けないように錦の褌で吉原に繰り出そうと与太郎も誘うのですが、与太郎はなんと錦の褌を得るための知恵を自分の妻に尋ねるのです（女郎買いのアイデアを女房に仰ぐんですから、凄いですよねえ）。

妻は呆《あき》れながらも「お寺の和尚さんの持っている錦でできた袈裟を借りてくればいいよ。『親戚の娘にキツネが憑《つ》きました。徳の高いお坊さんの袈裟をかければキツネが落ちる、と聞いたので、ひと晩だけ袈裟を貸してください』って頼めばいい。喜んで貸すはずよ。それを褌にするのよ」とアドバイスするという落語です（こんな賢い女房をゲットしてしまうのですから、与太郎はやはりバカではありません）。いかがでしょうか。

お清という「言葉遣いの丁寧すぎる」規格外の女性と、与太郎というある意味「規格外」のキャラの妻として君臨するこの女房こそ、私は「落語の中の女性の象徴」のように思えてくるのです。

ＬＧＢＴＱなど、価値観が多様化する一方で、コロナ禍における「自粛警察」や「マスク警察」の登場など、「不寛容」な部分が顕在化してゆく昨今、むしろ時代は江戸という設定で、しかもフィクションでもありますが、落語の世界観が密かに訴える「おおらかさ」は、なんだかとてもいいなあと思えてきませんでしょうか？

お江戸は、若年労働力が過度に要求された新興都市です。江戸初期は男女比が四対一程度とアンバランスそのものでした。時代が進むにつれてその差は縮まっていきますが、それでもやはり「九尺二間《くしゃくにけん》に過ぎたるものは紅のついたる火吹き竹」と都々逸《どどいつ》で歌われたように、「結婚できた」という喜びは何ものにも代え難いほどであったと推察します。

人権や人格が尊重されている現代より過酷な環境のはずですが、それでもこのお清と与太郎を受け入れた落語のコミュニティに感じる微笑ましさこそが落語に通底する優しさなのかもしれません。

いや、もしかしたら、実社会が公平とはいえない身分制度や貧富の差が歴然と存在する中だからこそ、当時の落語家たちが「せめて落語の中だけでも」と、現実とはかけ離れた理想を語ったからこそ、聞いていた庶民たちがときめいたのでしょう。だからこそ落語の中には語り継いだ落語家のみならず「聞き継いだ」観客たちの「願いの片鱗《へんりん》」が込められているともいえるのではないでしょうか。

つまり、**「落語の中には未来の理想」が痕跡《こんせき》として残っている**はずです。

そんな思いから書いたのが、『落語で資本論 世知辛い資本主義社会のいなし方』でもあります。こちらで「落語にはこの後訪れる資本主義社会の予言」が描かれていたのではという発想のもと、そのブレーキ的な役割として「三方一両損」など、金持ちを唾棄《だき》する噺が遺されてきたのではと綴《つづ》ってみました。

前項の「高尾太夫・幾代太夫」では、「相手のダメな部分に人は惚れてしまうものではないか」という仮説を書きましたが、その「続編」としての「お清と与太郎の女房」なのであります。「高尾太夫・幾代太夫」が結婚の理想版ならば、ある意味「お清と与太郎の女房」はその現実版という感じです。

厳格に育てられてどんなに異様な言葉遣いをしてしまうような女性でも、「割れ鍋に綴《と》じ蓋」とばかりに八五郎に見初められ、長屋のおかみさんとして普通の女房になってゆくのでしょう。その後、八五郎のみならず他のおかみさんたちのコミュニティが、「いいんだよ、もうそんな面倒くさい言い方しなくっても」「わが君《きみ》じゃないよ、バカ八でいいんだよあんなの」みたいな感じの気さくな触れ合いに馴染んでゆき、だんだんとおかみさん連中と同質化していったものと想像します。

与太郎の女房にいたっては、「和尚のプライドを傷つけずに上手に目的の品物を手に入れる」なんて、コミュニケーションの達人であります。その後も「あそこは、旦那はバカだけど、女房は賢い」「いろいろ知恵袋になってくれそうだぞ」などという会話がなされ、いっぱしのアドバイザーとしての存在になっていったでしょう。

つまり、この「お清と与太郎」は、「お清を受け入れた八五郎」と「与太郎の女房」とが対《つい》になっていて、この双方を受諾している「社会の成熟度」こそが素晴らしいのです。いや落語が発生した当時はそんな社会は実現していなかったとしても、その到来を密かに落語家と観客たちが想像していた点が誇るべき部分ではないかと思うのです。

「女性には潜在的な可能性がまだまだある」のです。そんな予感があるからこそ、落語の中の女性は比較的身分が高く設定されているのかもしれません。

現実の現代社会を見つめてみましょう。大学の成績優秀者はどの大学も男性より女性が多いとはもはや当然の話ですし、作家や出版の世界でも優秀な女性を挙げていったらキリがありません。

師匠談志は「男が作ってメチャクチャやってダメにしちまったこの世の中だ。女になんとかしてもらうしかないだろう」とマクラなどで言い切っていたものです。戦前のあの環境下で教育を受けた人とは思えないほど、とてもリベラルな感受性の持ち主でありました。

ひとまず国会議員を始め、各種議員について強制的に女性を増やしてみたらいかがでしょうか。体面とか見栄《みえ》ばかりを気にする男とは違った価値観を増やしてみるところから社会の変革は始まるはずです。

一番は、周囲にいるあなたのお母さん、奥さん、娘さん、会社の同僚など、まずは身近にいる女性をより大切にしてゆきましょう。「ありがとう」「いつも助かっているよ」という言葉を普段からかけているかチェックしてみるべきです。

「いやあ、うちのカミさん面倒くさくて」というご意見もありましょうが、もしかしたらあなたの日頃の言動の積み重ねのせいで、そうならざるを得なくなっているのかもしれませんよ。とあるお医者さんの本に書いてありましたっけ。
「『俺は鬱《うつ》にはならない。メンタルが丈夫だから』と無神経に発言している人の周囲に鬱の人が案外多いものです」
自戒を込めて今日からますますお袋、カミさん、義理の母をいたわります。

お清の一言

やっと言葉遣いも普通になれたよ。長屋っていいね。
結婚っていいね。言葉遣いは簡単が一番！

与太郎の女房の一言

あたしが利口だと言ってもらえているのは、
うちの人のおかげ。あ、こんなこと言うと
ますますあたしの評判よくなっちゃうかもね。

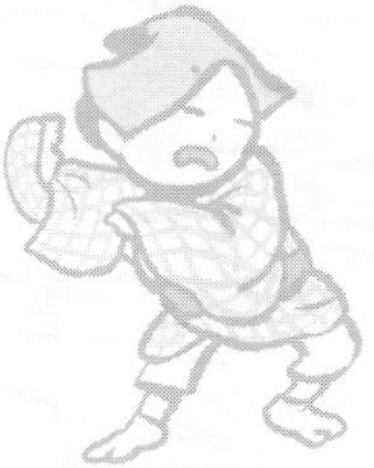
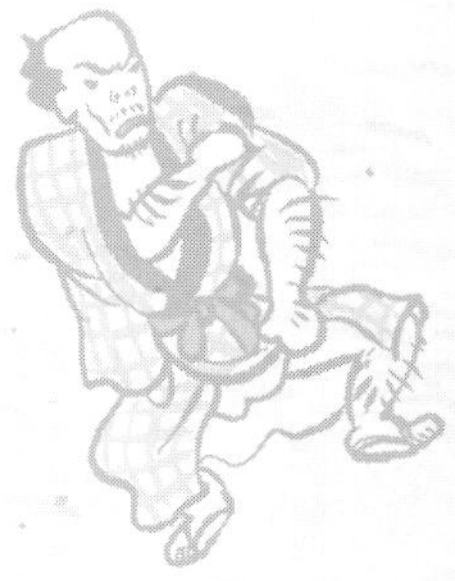

第五章

落語ならではの超強烈キャラ

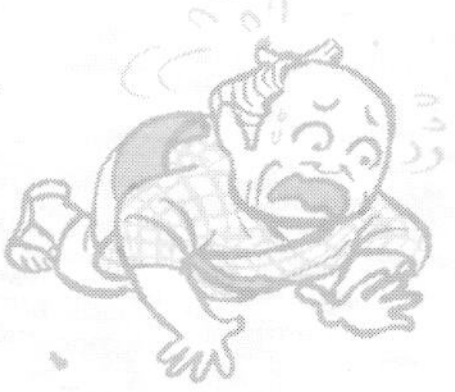
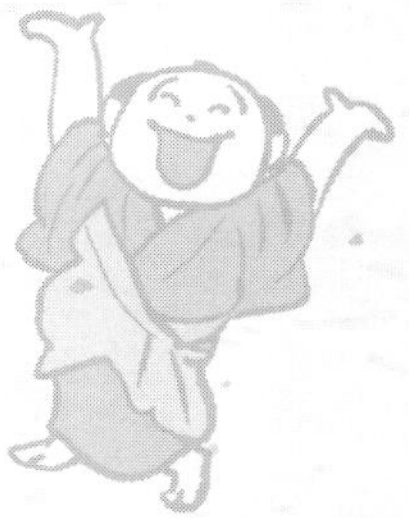
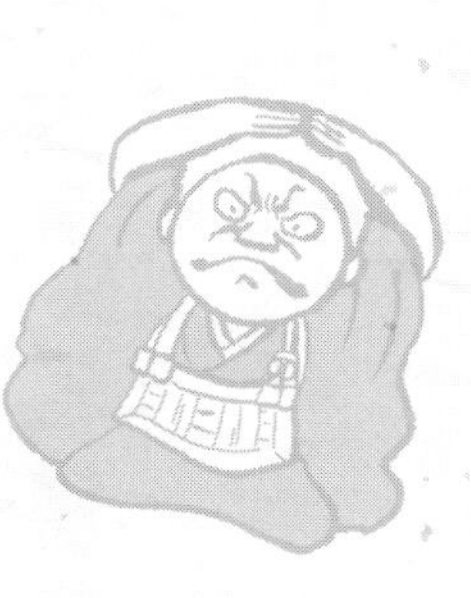
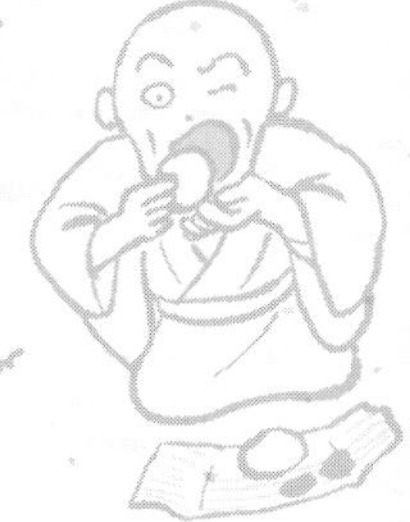

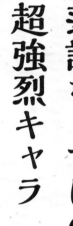

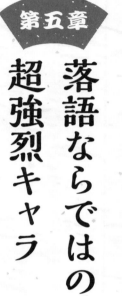

前説

現実にはありえない、トンデモ人物のリアリズム

ここまで「落語の登場人物のキャラクター」をベースに書き連ねてきました。普段は当たり前ですが、落語単体を語ることを生業《なりわい》としていますが、こうして、キャラクターを横串《よこぐし》にして新たな角度から見つめ直す作業は、落語家になってから初めての行為であり、外側からのアプローチはとても新鮮で、ある意味「観客側から求められている落語」を発見するような感覚にも包まれています。今後、落語をやる際に新たな着眼点になりうるものとの思いが強まる一方であります。

さあ、いよいよ最終章です。

ここまで書き連ねてきて、やはり落語は落語家とお客さん双方の「希望」そのもののような気がしてなりません。

聞くお客さんは、木戸銭《きどせん》という「投資」を入場前に行い、「闘志」を持って挑む

格好です。そしてこれを迎える落語家は、そんなお客さんの心の中を「透視」するかのように読み抜いて、笑いへと変換させてゆきます。

お客さんの「こうあってほしい」という「希望」に対して、それをいい意味で裏切るサプライズを施しながら、さらなる希望の「上書き」を行うのが落語家の理想の姿なのだと確信します。

そんな相互の「希望の応酬」こそが、落語の登場人物へとつながってゆき、結果として生まれてきたのがこの最終章で描くべき「超強烈キャラ」なのでしょう。

一言でいうならば、「こんなとんでもない奴、落語の中でしか生きていけないよなあ」「実生活では絶対いないタイプ」のグループであります。

そこには「絶対会いたくない奴」もいれば「ぜひ一度会ってみたい奴」もいて、両極端なイメージを持たれるのが正直なところではないでしょうか。

そして、その架空の人物である超強烈キャラに、リアリティを与え続けることに心血を注いできた落語家こそがわが師匠、立川談志だったのかもしれません。

談志は落語の中の会話と実生活の会話とのギャップが、まるでないような生活をあえて送っていたようなフシがあります。

「おいおい、ふざけんなバカ野郎、そうじゃねえんだよ！」という落語の中のセリフのトーンとニュアンスのまんま普段生活をしていました。その格好の餌食《えじき》となったのが私を含めた直《じき》弟子たちでした（特に私はドジでしたから烈火のごとく小言を浴びたものです）。

つまり談志は、「二四時間落語の稽古をしていた」ともいえるのです。

天才の名を欲しいままにした談志が、そんな生活を自らに課していたのですから、そりゃ落語の神様がほうっておくはずがありません。

ここまで書き進めてきて、やはり、師匠は凄《すご》かったなあと改めて思うと同時に、そんな師匠のもとで辛抱し続けて、さまざまな落語の可能性をあらゆる方面から追求し続けている私も、偉いのかもなあと少しだけ思っています。

さあ、みなさん、クライマックスをご一緒に！

第五章、お楽しみください。

西念

カネを貯め込んでいるケチな坊さん

西念《さいねん》さんは、「藁《わら》人形」と「黄金餅《こがねもち》」という落語に、「インチキ坊主」という設定で出てきます。しかも役どころがともにケチという、吝嗇《りんしょく》を極めたキャラであります。

「藁人形」では、おくまという女郎の「亡くなった父親に似ている」という殺し文句を真に受けて惚《ほ》れてしまい、ツメに火を灯すようにしてこしらえた虎の子の大金を騙し取られてしまいます（こちらは珍しい落語で、実演では聞いたことはありません）。

西念さんといえば、やはりなんといっても談志の十八番でもあった「黄金餅」であります。

あらすじは……西念は寺を持たず、托鉢《たくはつ》をしながら法華《ほっけ》の家では題目を唱え、真宗の家では念仏をと、ニセ坊主として小銭を稼ぎながら下谷《したや》山崎町の貧乏長屋で暮らしていました。ある時、西念は重い風邪《かぜ》をひいて体調を崩します。隣の部屋に住んでいた金山寺味噌《きんざんじみそ》を売る金兵衛が看病にやってくると、西念は「餡《あん》ころ餅を二朱分、食べたい」と言います。金兵衛が買ってくると「人のいる前でものを食うのは好きでない」と、金兵衛に出てゆくよう促《うなが》します。

部屋に戻った金兵衛がふと気になって壁の穴から西念の部屋をのぞくのですが、西念は、餡ころ餅を取り出して餡と餅に分け、胴巻から出した二分金と一分銀を餅でくるみ、丸呑みし始め、喉に詰まらせます（カネに気が残って死ぬに死ねなくなる。こちらも人間の業でもあります）。金兵衛は西念の部屋に飛び込みますが、西念はそのまま息絶えます。金兵衛がここで「西念の腹に眠る大金」に目が眩《くら》み、葬式を済ませたら焼き場へ死骸を持っていき、腹をかっ捌《さば》いてそれを手に入れようと決意します。

この続きは、ぜひ談志の「黄金餅」をお聞きください。

この噺こそ「人間の業の肯定」の真骨頂でした。西念の死骸を背負い、焼き場まで運ぶ道中の「俺だって人と生まれたからには天ぷら蕎麦っての、食ってみてえ。芝居だって観てみてえ。吉原に行ってみてえ、澄んだ酒を飲んでみてえ」と述懐する場面の業の深さ、焼き場で西念の死骸に鯵切《あじき》り包丁を当てがい、えぐったところから咳《せ》き込みながら必死にカネを回収する様などは鬼気迫るものがありました。

ところで、ケチを象徴するかのような西念を通じて、落語家とそれを受け入れる観客は何を望んでいたのでしょうか？

江戸っ子はケチな人間をおちょくっていました。「宵越《よい》しのカネは持たない」という、カネを使い切る生き方をよしとする価値観を常に訴えていました。そうしないと江戸の経済が回らないからというのが一番でしょう。鎖国状態の江戸（厳密にいうと完全鎖国ではありませんでしたが）ゆえ、かような環境では内需が全てです。使い切るからこそ循環するはずなのに、貯め込む奴が出てくると景気が立ちゆかなくなることを本能的に悟っていたからこそ、とことん嘲笑《あざわら》っていたのでしょう。

そしてそのカネの入手方法も「インチキ坊主」という手法のみみっちさも、嫌悪の対象だったはずです。菜漬けの樽《たる》に納められた西念の死骸を見た大家がその惨《みじ》めな姿に「何やっても似合わない人だったが、こんな姿が一番収まりがいいとは」という可哀そうな一言が象徴的であります。

談志もケチでした。いや、ケチというキャラクターを徹底させていただけだったのかもしれません。「カネを使っての処理が嫌いだから、なんとかカネでなく知性を使ってやり抜こうとしていた」のでしょう。

とくに食べ物に関してはもの凄い執着《しゅうちゃく》がありました。やはり幼年期に食べられない時期があったことが、かなり大きかったのでしょうか。「期限切れでも、食べられるか食べられないかは俺が判断する。本当に迷ったら、腹を壊しても食べるほうを俺は選ぶ」と豪語していたものです。

私の真打ち昇進披露パーティに、タッパーを持参し、会場に残っていたピラフをぎゅうぎゅう詰めにして持ち帰ってゆきましたっけ。その後冷凍保存して、「あれな、少しずつ食べてるけど、一カ月ぐらい大丈夫だった」と無邪気に答えていたものでした。

前座の頃、我が故郷に凱旋《がいせん》落語会で来た時なぞは、楽屋のケータリングで出されていた小粒の苺《いちご》をシャワーキャップに入れて持ち帰ってゆきました。そして、上田駅の新幹線ホームでおもむろにそれを取り出して、「俺の右側のポケットにな、さっき楽屋にあったスジャータと砂糖が入ってる。それをこいつに振りかけてくんねえか」と指示を出しました。私は言われた通りに、師匠の両手に広がった形で展開している苺の上に、コーヒーミルクのスジャータと砂糖をかけまくりました。すると師匠は、間《かん》髪《はつ》を容《い》れずにむしゃぶりつくように食べ始めたのです。あれには驚いたものでした。

ました、私の故郷です。親類縁者や知り合いに会わないようにと願うのみでありました。

あんまり見たくはない光景をついつい思い出しましたが、ＳＤＧｓ（持続可能な開発目標）がこれほどまで叫ばれる現代においては、「もったいない」の精神の具現化だったのかもなと懐かしく振り返るのみであります。

自分もそんな談志のそばで修業してきたせいか、前座の頃からのならわしとして、石鹸《せっけん》をミカンのネットに入れて使っていたものです。前座の最初の頃は師匠をマネてそのスタイルで当たり前のように銭湯に持参していったものですから、下宿の界隈《かいわい》では「今時珍しい若いヤツがいる」などと話題になったこともありました。子供たちが小さい頃まで、そんな形で使っていたものです。

と、ここまで書いてきて、もしかしたら、この西念の生き方はどこか江戸っ子たちの間で、「憧れの気持ち」を持たれていたのかもしれないとも思えてきました。

本当は誰だって**「貯め込みたい」「貯金しまくりたい」みたいな欲望も根底に抱いて我慢しているの**ではないでしょうか。江戸っ子の粋な生き方としては、ケチな人のケチな応対を拒絶しますが、どこかで羨《うらや》ましさを感じる部分はきっとあったはずです。「蕎麦の先だけツユに浸《ひた》して食べる」という粋な振る舞いが江戸っ子の美学ではありましたが、そんな江戸っ子が亡くなる間際に、「たっぷり浸して食べたかった」と後悔する小噺が残っているのが何よりの証拠です。

カネを使うというか、マルクスの『資本論』に即していうならば、カネに「包摂《ほうせつ》」された生き方を拒否していたともいえるのが談志の生き様でもありました。

「黄金餅」のオチでは、金兵衛が西念の腹から取り出した曰《いわ》く付きのカネをもとに目黒で餅屋を開いたところ、大層繁盛したというだけでアッサリ終わります。カネの入手方法が陰惨《いんさん》だからといって因縁《いんねん》が付きまとうような暗黒な終わり方では決してありません。このあたりのスッキリ感が潔《いさぎよ》く、これもまさに「庶民の願い」なのではないでしょうか。

これはうがった見方かもしれませんが、どんなに汚い、**毛嫌いするようなカネの入手方法だとしても、きちんと綺麗に使えば誰もが幸せになるものだ」という「江戸の集合知」**の象徴のようにも思えてきませんでしょうか。そういうカネの使い方を江戸っ子の子孫たちがし続けていったからこそ、江戸は東京となってさらに発展していったのかもしれません。金兵衛も西念から得たカネを、西念のように貯め込んでいたとしたら、違う噺になっていたかもしれません。ある種「マネーロンダリング」的に商売として転用させたからこその餅屋の成功という見方もできましょう。

カネをめぐる問題はとてもデリケートでセンシティブです。「カネという不浄なものを取り扱っているんだという意識が根っこにあるから、銀行員は髪の毛も七三に分けてスーツを着て綺麗な格好をしているんだ」とも談志はよく言っていました。いやはや、本当におカネにまつわる話は悩ましいものでありますなあ。

俺は貯め込むだけ貯め込んだから満足だったよ。俺が死んだ後は好きにしてくれや。

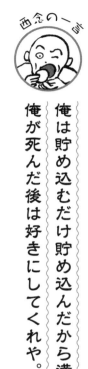

佐平次

カネを持たずに「居残り」を決め込む了見

「落語の登場人物の中で実際会ってみたいキャラ」のナンバー1は、私はこの佐平次です。

「居残り佐平次」という落語のタイトルのまんまのこの男ですが、とにかく超絶プラス思考な言動が、常識に凝り固まっている観客の度肝を抜くような爽快感が付きまとうのです。

こちらも談志の十八番で、ファンだった頃の私もときめき、プロの落語家になって以降も調子のいい時の談志の「居残り佐平次」にスカッとし続けたものでした。

あらすじは……佐平次という陽気な男が品川宿の遊郭に行こうと見ず知らずの四人を誘うところから始まります。四人はカネがないと口を揃えますが、佐平次は大丈夫だと言います。一同はその言葉を信じて遊びまくり、一泊して帰っていきました。翌朝、佐平次のもとに勘定を取りにやってきた店の若い衆がいたのですが、「先程帰っ

た仲間は大金持ちで、昨日の代金を持ってやってくるから」などと調子のいい言葉を並べてもう一泊します。翌日になり、再び店の者が勘定にやってくるが、やはり佐平次がまたはぐらかし、昨日と同様に一泊してしまいます。そしてその翌日店の者に再度詰問《きつもん》されるのですが、佐平次はまったく悪びれず「カネはない」「仲間は来ない」と白状し、自ら布団部屋に入り「居残り」として堂々と居座ります。

さあ、ここからが本領発揮。

やがて夜になって店が忙しくなると、佐平次は頃合いを見計らって布団部屋を抜け出し、勝手に客の座敷に上がりこんで上手な客あしらい（幇間《たいこもち》）を始めたのです。歌や三味線、踊り、座持ちの笑いなどなど絶妙で、祝儀《しゅうぎ》までもらい始めるに至ります（ここで、私はさらに遊女たちのカウンセラーのような存在にまでなると演出していま す）。ついには、とうとう店の人気者にまでなってしまいました。

さあ、面白くないのは店の若い衆らです。佐平次のせいで、祝儀をもらえなくなってしまったのですから当然です。「あんな佐平次のような奴は追い出して欲しい」と主人に訴え出ます。仕方なしに佐平次を呼び出した主人も手を焼き、もはや勘定はいらないから帰るように言います（さらにここから主人を脅すような形にしてカネをせびる形に私はしています)。

ほとほと困り果てた主人は、さらなる追い銭と新品の着物まで渡してきちんと表から送り出そうします。呆れ返った店の若い衆たちが、「あんな奴、表から帰すことはありませんよ。裏から帰しましょう」「バカ野郎、あんな奴にウラを返されたらたまったもんじゃない」。

ラストのオチは、談志の考案した素晴らしいものをマネさせていただいていますが、これは川島雄三監督作品『幕末太陽傳』という傑作映画の原作であります。フランキー堺さんが怪演といっていいほどの名演をしています。ぜひ一度ご覧ください。

この噺の爽快感、解放感は、佐平次の「トラブルバスター」としての活躍ぶりの一言に尽きる気がします。

川島監督の映画での設定はまさに幕末の、いままで培《つちか》ってきた価値観ががらりと変わろうとする不安感がみなぎる世相をバックにしていますが、私も談志のこの落語に元気づけられていた時は、「落語への興味が募っていった学生時代」「落語家になろうかと思っていたサラリーマン時代」「前座修業が長く続いていた頃」という、いずれも「人生で迷いが生じていた時期」に相当しました。

「落語への興味が募っていった学生時代」は、「談志か志ん朝か」と、落語研究会でも追っかけのターゲットが分かれていた頃でした。その頃談志は落語家を「作品派か己《おの》れ派」とカテゴライズしていた時期でもありました。古典落語の風味を壊さず演じることを主とする落語家を「作品派」と呼び、談志を筆頭に、自分の価値観をメインに語る落語家を「己れ派」と呼んでいまして、迷わず自分は己れ派をイメージし、「古典落語のパロディ」などを演じていたものです。そしてこの「居残り佐平次」を通じて、落語の枠の中で自分の個性を描き抜く談志の虜《とりこ》になりました。

その後、バブルの好景気で大して苦労もせずに入社したのがワコールでした。パワハラ上司に嫌気が差し、「落語家になろうかな」と思いつつあった時期に、二度目の談志の「居残り佐平次」に接しました。あの頃の私にとって寮の部屋は眠りに帰るだけの「布団部屋」でもありました。「サラリーマン業務」が途轍《とてつ》もなくつまらなかったのですが、佐平次のこの「どんなところでもニコニコしているしたたかさ」に元気づけられたものでしたっけ。

そして、弟子入りし、三度目の「居残り佐平次」に触れた時はというと、かくも長き前座期間にこれまた悩んでいた時期でした。落語家になりたくて入門したのはいいものの、前座期間が長引き、腐っていた頃です。「一生前座かもな」などと厭世的《えんせいてき》な日々でありました。が、この時の談志の名演でまたまた自分は元気になることができたのです。

「**どんな環境に陥ったとしても、活路を見出すのはお前のバイタリティなんだぞ。そこから這い上がれ**」というメッセージが、まさにこの時の談志の「居残り佐平次」にセッティングされていたのかもしれません。過去を述懐しますと、あの頃は「周囲に同情されて生きていたような日々」でありました。

談志から見れば「俺の決めた二つ目昇進基準を満たそうとしないのだから、お前は永遠に前座なんだ」という評価でありますが、私は周囲には「師匠が二つ目にしてくれないのです」と嘆き、その延長で可哀そうがられて仕事をもらうような日々でありました。

この三度目の「居残り佐平次」で、私は「そうだ！　前向きに生きてやるか。こんなに前座が長引くなら、開き直ってこの時間を存分に使ってやろうじゃねえか。いっそのこと談志の全うできなかったタップもやるか。新作落語を書くヒントにもなるはずだからシナリオの勉強もしてみようか」と、「置かれた環境を自分の味方にしてみよう」という刺激をもらったものと解釈し、以後、必死に取り組むようになってゆきました。

その結果、タップという飛び道具が真打ち昇進の際の明らかなポイントになったばかりではなく、シナリオを勉強した余波として「構成」を会得《えとく》したことが現在の執筆活動に限りなく役立つことになりました。つまり、振り返れば、談志の「居残り佐平次」は、「私の人生のカンフル剤」となってくれていたのです。

佐平次の凄いのは、バイタリティ中心主義者にありがちな「反知性主義」が微塵《みじん》もないところです。頭のいいお客にはそのあたりをくすぐるように振る舞い、遊女たちには芸事の達者さで一目置かれる存在となります。つまり、「広い意味での本当の知性」を有する頼もしいキャラこそ、この佐平次なのです。

「頭だけの官僚には胆力がないから、頭のない胆力だけの政治家に左右されてしまう」とは「外務省のラスプーチン」とまで畏《おそ》れられた尊敬すべき佐藤優《まさる》さんの名言ですが、「知性も度胸もやはり必要なんだなあ」としみじみ痛感しています。

確かに経験値だけで人生を切り開こうとするヤンキー系の人は知性をバカにしがちで、対照的に学歴至上主義の人たちはそのようなビビッドな経歴とはかけ離れているものです。

「学問としての知識」も「リアルな経験」もともに必要なものだからこそ、日々積み上げてゆくべきだよ、そしてそんな積み重ねから一番大事な度胸を授かれるんだよという「人生訓」を、この佐平次から感じ取れると、私は確信しています。

そして、そのための前提となるのが佐平次の「どこでも動じない明るさ」ではないでしょうか。

「明るくしていれば、仕事は向こうからやってくる」

これは前座期間、そしてこのコロナ禍を経てから改めて実感したことであります。

佐平次を見習いましょう。カラ元気でもなんでも構いません。

ああ、久しぶりに「居残り佐平次」をやりたくなってきました。

どう転んでも楽しいじゃないの。人生一度しかないんだから、暗い顔していたら損だよ。

一八

ヨイショだけで世の中を調子よく生きる

落語の主に前座噺《ぜんざばなし》の中に登場する人物ですが、前項で述べたように、佐平次はどちらかというと「真打ちクラスのごますり」であるのに対し、一八《いっぱち》は「前座クラスのごますり」というポジションなのかもしれません。まさにフリーの幇間、いやフリーといえば聞こえはいいのですが、レベルが下の「野幇間《のだいこ》」というランクです。

一八の未来形、パワーアップバージョンが佐平次で、佐平次の駆け出し新人時代が一八であるというような構図でしょうか。最高度の知性と胆力でトラブルバスターとしての幇間芸を極めた佐平次に対して、まだまだ習作段階の一八はそれゆえ、失敗ばかりがつきものの落語に数多く登場します。

なぜか鍼《はり》に凝った若旦那に実験台にされてしまう「幇間腹《たいこばら》」や、「愛宕山《あたごやま》」ではカネを拾いに行った谷からアクロバット的な差配で戻ってきたのはいいものの、肝心の

カネを置き忘れてきてしまいます。取り入ったつもりがあべこべに鰻の代金を払わされてしまう「鰻の幇間」もその流れであります。ま、いじられないで済むのは大ネタの「百年目」でしょうか。マジメ一辺倒に見られていたはずの治兵衛さんという番頭さんの花見の席のお供として、一瞬登場してきます（一八ではない場合もあります）。

ここでは、やはり親しみやすさという意味で、大喜利のネタにもなっている「山号《さんごう》寺号《じごう》」を、詳しく取り上げてみましょう。「山号寺号」のあらすじはこんな感じです。

若旦那が、馴染みの幇間の一八と、上野広小路で出会います。一八が「どこへ行くんですか」と尋ねると、若旦那は「浅草の観音様《かんのん》だ」と答えます。一八は知ったかぶって、「ああ、金龍山浅草寺ですか」「いや、浅草寺だよ」「ですから、あそこは本当は金龍山浅草寺というんです」「なんだい、それは？」「お寺には『○○山○○寺』という正しい呼び名があり、これを『山号寺号』といいます」として、偉そうに「山号寺号ってのは、どこにでもあります」と言い放ってしまいます。若旦那はそれを逆手に取って「どんなところにも山号寺号があるんだな。じゃあお前、ここ上野広小路にもあるか。探せ！」と迫ります。

以後かような無茶ぶりに、「あそこでおばさんが縁側を拭いてますね。『おかみさん、拭きそうじ』」「乳母《おんば》さんが子供を抱いている。『乳母さん子を大事』」などと、次々に「山号寺号」を作ってのけます。

「看護士さん赤十字」「車屋さん広小路」「時計屋さんいま何時」「肉屋さんソーセージ」などなど。若旦那は、「今度は私が作ったぞ。その前にお前の財布をこっちに寄越せ」と言い、一八の財布を取り上げて懐に仕舞い、「一目散随徳寺《いちもくさんずいとくじ》」と言って逃げてゆきます。逃げられた一八は、やられたとばかりに「南無三《なむさん》、し損じ」。

「全財産を没収されながらも、オチを言う」

これは芸人の矜持《きょうじ》というのは買いかぶりでしょうか。

「山号寺号」は頭の体操になりますので、作ってみると面白いですよ。

私は「パン屋さんの山号寺号」で「焼き上がり時間が書いてありますよ。『クロワッサン午後四時』」「薬屋さんで、『アミノ酸肉体疲労時』」「ああ、日が暮れてきました。『セッティングサン午後五時』」などなど。

ぜひお試しください。

ところで、この「山号寺号」を始め、一八が辛酸《しんさん》をなめるネタを聞いてから「居残り佐平次」に接し、私は、しみじみ「下学《かがく》して上達す」という言葉を思い浮かべました。この言葉は、ワコールを辞めて落語家になると言った時に、「送別会」を開いてくれた隣の課の課長からもらったサイン色紙に綴られたフレーズでした。

意味は「手近で基本的な段階からものを学び始めて、最終的には学問の奥義《おうぎ》にまで到ること」という『論語』の中にある言葉です。

会社を辞める前、その課長とは何度か飲み、「いつかは落語家になりたい」という夢を打ち明けたことがあり、「前座修業という徒弟制度の末端に置かれるところから始まるのがプロの落語界で、自分より年下の兄弟子も山のようにいる世界でもあります。やらされるのは下積みといって師匠の身の回りのことからです」という話なども伝えていたのでした。

謹厳実直なその課長らしい言葉だなと思い、入門してからも事あるごとにその色紙を部屋の片隅で見つめ続けたものでした。

「手近で基本的な段階から学ぶ」ということには、「失敗」がつきものです。「失敗」は、落語の世界では「しくじり」と呼びますが、正直あんまりしたくはありません。対象者からの怒りは不愉快そのものですし、その人に迷惑をかけるばかりか、「ダメな奴だ」というレッテルを貼られることにもなるからです。

おそらく一八も、落語のネタになるほどですから山ほどの「しくじり」を積み重ねていったのでしょう。そして、結果として佐平次のようなキャラに変化していったのではと、私は勝手に推察しています。

一八が登場する落語から人生訓を浮かび上がらせるとしたら、「どんなことにも挑んでいってみろ。しくじったらしくじったで謝っちまえばいい。そこで痛い目に遭ったという経験は将来の糧《かて》になるはずだ」というビジネス書にも負けない素晴らしい言葉が浮かび上がってきそうな感じがしませんでしょうか。

勢いに任せて、より穿《うが》った見方をしてみます。

「もしかしたら、本当の失敗は安全運転だけに終始して、何も起こさないこと」なのかもしれません。つまり「失敗」をすることが「失敗」なのではなく、**「失敗」を恐れて自分の行動にブレーキをかけて挑戦しなくなることこそ本当の「失敗」**と呼ぶのではないでしょうか。

前座の頃、山のような「しくじり」をし続けました。根っからのドジでもありましたし、談志からしてみれば「慶應卒＝使える奴」というイメージだったからこそ余計です。しくじるたびに詫《わ》びて、逐一「こういうことをすると師匠は不愉快になるんだな。以後気を付けよう」とコツコツ積み上げながらの修業生活を貫いてきました。

ただ、私の場合は芸人ですから、そのしくじりの一つ一つが、談志の怒りという、客観的には笑えるネタにもなりましたので、すべて回収させてもらえています。

すでにお話ししたように、来春から、現在大学四年の長男坊が社会人デビューします。親として偉そうなことは決して言いたくはありませんが、「どんどん失敗して、それを笑えるネタにして回収しちまえ」という一言だけは授けたいなと思います。

考えてみたら、落語界って、「前座さんはしくじるものだ」という感覚が前提になっている、とてもおおらかなコミュニティであります（いやあ、近頃の前座さんはみんな優秀で、なかなかしくじらないイメージもありますが）。一般の社会に他人の失敗を許さないような不寛容な空気感が漂いつつあるのとは好対照でもあります。

二〇年近くほぼ毎日励行《れいこう》している筋トレですが、こちらに置き換えてみると、「ある程度ケガを受け入れつつトレーニングする」というのが当たり前になっています。ケガが「しくじり」ならば、**しくじる寸前のところまで追い込まないと筋肥大という成長には辿り着かない**のはどうやら真実のようで、筋トレ上級者はみんなどこかしら陰でケガを抱えながら努力しているものです。

私も二〇二二年に「さいたま市ベンチプレス選手権大会」に出場して以来、左肩を痛めてしまい、騙し騙しで調整しながらそれでも日々ジムに通っています。

しくじり、失敗、ケガなどのマイナス要素はもしかしたら、ある意味「投資」なのかもしれません。佐平次という超強烈キャラクターの礎《いしずえ》には、一八という前座修業期間があったはずで、それをきっちり「回収」し、日々アップデートを怠らなかったからこそ、あの古典落語に残るような天晴《あっぱれ》な言動の数々があるのでしょう。

そう考えたほうが、ただ笑えるだけではない人生の妙味を落語から味わえるのではないでしょうか。

頑張れ一八、失敗したら泣いて謝ればいいさ。泣いた後には必ず虹がかかるさ。

いやあ、もう、生きてゆくだけで精いっぱいですよ。
明日世界が終わるとしても、
見境なくゴマをすり続けます。それしかない。

清兵衛

不器用だけれども幸せを摑む人

まさに「正直清兵衛《せいべえ》」というキャッチフレーズで、落語界になくてはならないキャラクターこそ清兵衛さんです。

「正直清兵衛」という珍しい落語を始め、この本でもすでに触れています「井戸の茶碗」で千代田卜斎《ぼくさい》という浪人と高木作左衛門という若侍の間で翻弄される屑屋さんとして登場します。「そば清《せい》」では、「蕎麦っ食いの清兵衛さん」という大食いキャラとして出てきますが、「人間を溶かす草」を食べてしまい、消えてしまうオチとなります。

ここでは、珍しい「正直清兵衛」という噺をあたってみましょう。これはほとんど「もう半分」というネタと一緒です。

八百屋を営むさん清兵衛は、今年一七になるおしげという娘と二人暮らしで、大変に正直者なので、「正直清兵衛」とあだ名がついていていました。

とても酒好きで、杉酒屋の忠右衛門という居酒屋で今日もちびちびやっていました。その夜は、雪が降ってきたので「早めに帰ります」と、清兵衛は帰ってゆきました。

さて居酒屋のおかみさんが後片付けをしていると、あるものを拾います。一五両ものカネが入った汚い財布で、それは清兵衛が落としていったものでした。

この忠右衛門夫婦、実はとても悪い夫婦で、二人で薄ら笑いし、「自分たちのものにしよう」と決めました。そこへ清兵衛が血相変えて飛び込んできます。

「一五両のカネを置き忘れた！」

夫婦は、「そんなものは知らない」とシラを切ります。涙ながらに清兵衛が訴えます。

「あのカネは薬代金を使い果たして困っていたところへ、娘のおしげが、身を売って、商売の元手にとこしらえてくれたカネだ」

と言うのですが、二人はしらばっくれて清兵衛を諦《あきら》めさせて帰らせます。しかし、心配な忠右衛門は、「お上に訴えられたらどうしようか」と悩みます。

実は忠右衛門はすねに傷を持つ身だったのです。以前、問屋場《といやば》で帳付けをしていた頃、旅人から預かった一〇両のカネを横領し、その旅人が井戸へ身を投げたという過去を持ってこの地にやってきたのでした。

証拠隠滅とばかりに、清兵衛の後を追いかけ、カネが見つかったと渡すふりをして、匕首《あいくち》で刺殺します。

その後――。

忠右衛門の女房のお里が妊娠をし、十月十日《とつきとおか》たって生まれたのがなんと顔にしわが寄って、頭は白髪《しらが》という清兵衛そっくりの子供だった……。

いやはや陰惨《いんさん》な噺ですが、ご興味のある方はぜひ音源を探してみてくださいませ。

さて、この「正直清兵衛」、うがった見方をしてみましょう。

「井戸の茶碗」では、「正直者が最後に一〇両もらって得をする」という結末が清兵衛には用意されていました。英語のことわざにも「Honesty pays in the long run.」という「正直者が結局得をする」というのがある通り、「マジメでバカ正直に生きる」ことこそ美徳となるのは洋の東西を問わないようです。

そしてこの「正直清兵衛」は、かような「正直」とまであだ名される人にこんなむごいことをしてしまうと、とんでもない目に遭うよという「戒め」として捉えられるのではないでしょうか。

おそらく江戸時代の大多数の人間はおしなべてマジメでバカ正直で、「手堅い」人たちがほとんどだったはずです。

いや、江戸に限らず世界中の人々のほとんどがそういう生き方こそ基本だったからこそ、きちんと世の中が回って現代へと至っているのです。

こういう人たちが、子孫を繁栄させ続け、人類の遺伝子が受け継がれてきたということは、現在もそうなのですから未来もそうであり続けるのでしょうし、そうであるべきなのです。

落語を始めとする各種の大衆芸能は庶民に寄り添い続けて今日に至っていますが、昨日も今日も明日も、支持しているのはいたってマジメで平凡な一般市民であり、そういう人たちの幸せを願うのが我々落語家の役目であります。そして落語家に対して「普通の人が幸せを掴むストーリーを語り継いでいってほしい」とどこかで願うのが観客の総意であると確信しています。

私が大好きだった劇作家のつかこうへいさんは「俺はハッピーエンドしか書かない」とまで言い切っていましたし、今回のような因縁噺はいくつかあるとはいえ、師匠談志は「落語は人を殺さねえから好きだ」とも言っていました。

そして談志は「おかげさまで、家族みんなでつつがなく幸せに暮らしています」と弟子たちが言ってくるのをとても喜んでいたものです。

前座修業に九年半もかかってしまった私でしたが、曲がりなりにも真打ちに昇進し、その数年後長野県の佐久市長から依頼を受け、佐久市の総合文化施設「コスモホール」の館長に就任して二年間務めました。その記念の落語会を企画し、ゲストに師匠を招いたことがありましたが、打ち上げで同席していた私の両親に向かって、「息子、落語家にしてよかったでしょ?」と言ってくれました。

弟子に対しては異様に厳しい談志ではありましたが、やはり心の中では真打ちに昇進させ、その後きちんと公的にも認められた存在になるということをずっと願ってくれていたのでしょう。

かくいう談志は、アナーキーな言動だけがフォーカスされがちですが、いや、というより弟子たちがそれらを面白おかしく「カリカチュア(風刺画)」的にしすぎているだけで、基本はマジメな人でした。昼間から酒を飲むこともしなければ、ギャンブルなど一切手を出しませんでした。むしろ異様なる常識人で、**常識を極めすぎた結**

果、非常識な領域にまで振り切ってしまったような生き方を貫いたともいえます。

だからこそ、弟子として基本的に問われるスタンスは、まず「マジメであること」で、このあたりがとても誤解されがちなところでした。

談志は、マジメな人にありがちな、「ナーバスで、センシティブで、細かいことをとても気にする人」でありました。実際談志の落語は豪胆なイメージが漂いますが、それは濃《こま》やかな一つ一つのセリフや所作の積み重ねで構築されていた「ガラス細工」のような様相を呈していました。

書斎の筆箱《ふでばこ》が少しだけズレていただけで、気にするような人でした。

あれは、弟弟子の元立川國志館《こくしかん》、現在の三遊亭全楽《ぜんらく》と二人の時でした。

師匠はその日はとても機嫌よく「出来損ないのライスカレー食うか？」と我々前座二人にカレーライスを作ってくれました。

彼と二人で食べていると、「兄さん、これ全部食べなきゃまずいよ」と言われ、私も「そうだな、残しちゃうと絶対怒るよなあ」と二人で気を遣って、カレーを残らず平らげてしまったのです。

師匠は奥からやってきて、空《から》になった鍋をのぞき込んで「食っちまったのか」と呆れた声を上げました。「あのな、こういう時、談幸《だんこう》は俺の分を必ず残しておいてくれたんだぞ」と泣きそうな顔になっていましたっけ。

かようにマジメな性分で、いや、マジメでバカ正直すぎるほどの人だからこそ、『井戸の茶碗』なんかどこが面白《おもしれ》えんだ」と絶対やりませんでした。登場人物とハウリングが起きるのを予感していたのでしょうか。

人生の半ばから落語に目覚め、いまや上方落語界の一枚看板的存在ともなっている月亭方正さんは、しみじみと「落語家にはA型が向いていますよね」と言っていました。**「基本マジメにきちんとバカ正直に稽古を積み重ねてゆけば、誰でも道は開けてくる」**という部分を、お笑い芸人としてメジャーに昇り詰めた立場から見抜いての発言だと確信しています。

拙著『落語で資本論』では、「お笑い芸人が資本主義、落語家が社会主義」とざっくりとカテゴライズしましたが、非常識を極めて短距離走的なイメージで作られるキャラがもて囃されるお笑い芸人のコミュニティと、常識が大前提となって長距離走的な雰囲気の漂う古典落語がベースとなっている落語家の世界とは、ほんと好対照でもあります。

前座の頃からドジの連続で二回ほど謹慎を食らうほどの私ではありましたが、最後のところで首の皮一枚で完全クビにはならずに許してもらえていたのは、自分で言うのも照れますがマジメだったからではと推察しています。

そんな私だからこそマジメな読者が読んで、少しでも肩の荷が下りるような面白い本を書き続けてゆきたいなと願うのみであります。

皆様、マジメ、お互い貫きましょう。

こんな生き方しかできないよ。いいんだよ、そのまんまで。
いまさら要領よくなんて無理。
バカ正直、クソマジメ、これ誉め言葉だよ。

らくだ

乱暴者かつ嫌われ者だが、その原因は「孤独」？

さあ、「らくだ」です。

談志のこの落語に出会っていなければ、私は落語家にはならなかったと言ってもいいほどのネタであります。人間の喜怒哀楽、凄さとせこさ、喜びや哀しみとがすべて描かれている大ネタ中の大ネタでしょう。

そしてさらに凄いのが、この「らくだ」とあだ名されている、本名は馬太郎だか馬吉だかが落語の中には一切出てこないで、その過去のエピソードだけで人物像が浮かび上がってくるという設定の「素晴らしさ」です。

さて、あらすじは……とある長屋に馬という名前の乱暴者が住んでいました。図体がでかく「らくだ」というあだ名で、乱暴者であり、嫌われ者でもありました。

このらくだ、ふぐに中《あた》って死んでいるところに兄貴分の丁の目の半次（本来は手斧《ちょうな》

目《め》と呼ぶそうです）が、やってきます。

通夜《つや》の真似事をしてやるにも、おカネがありません。そこへ普段はマジメで評判の屑屋の久六が通りかかります。「家財道具を売ってカネにしよう」と思って半次は久六を呼び込みますが、金目のものは一切ありませんでした。

そこで半次は久六を脅《おど》して、長屋月番のところに行かせて住人から香典《こうでん》を集めるように指示させ、戻ってきた久六にさらに大家のところに行って「通夜の客用の酒、煮物、握り飯」を持ってこさせようとしますが、大家がケチだと判明すると「寄越さないと言ったら、らくだの死骸を担いで『かんかんのう』（長崎から流行ったといわれる唐人《とうじん》の踊り）を踊らせる」とさらに凄みを利かせます。久六は仕方なしに大家のところに行って、その旨を伝えます。

大家は無論動じません。久六が戻りそのことを伝えると、半次は久六にらくだの死骸を担がせ、大家宅へ乗り込み、『かんかんのう』の歌にあわせて踊らせます。恐怖心から大家は料理の用意を約束します。さらに漬物屋に行って、菜漬けの樽を借りてこいと命令を受けます。同様に漬物屋から樽をゲットしてきます。

さあ、戻ってきてから久六と半次の酒席が始まります。当初は一方的に半次に脅されっぱなしだった久六ですが、酔うほどに飲むほどに、主従逆転、酒癖の悪さで半次を追い込むようにやり返してゆきます。

この「酔うほどに性格が変わってゆく」久六の描き方が真打ちクラスの大ネタといわれる所以《ゆえん》でもある部分ですが、ぜひいろんな落語家でその演じ方を堪能《たんのう》してみてください。

オチは最近では、大概半次と久六の上下関係が入れ替わったところで、久六が逆に半次をやり込め、魚屋に行ってマグロのブツを届けさせろ、「寄越すの寄越さないの言ったら『かんかんのう』を踊らせろ」というあたりで切る演者が多くなっています。

本来はこの後、らくだの死骸を樽に入れて二人で焼き場に担いでゆく途中で落としてきてしまい、取りに戻る途中で酒を食らって寝ている願人《がんにん》坊主というインチキ坊主をらくだの死骸と間違えて運び、生きたまんまその願人坊主を火の中に突っ込むという、まあ、落語でしか成り立たない設定がオチになっています。

この「落語の中でしかありえない設定」という部分を談志は、「落語のリアリズム」と言ってこよなく愛していました。

談志が晩年ずっと唱えていた「イリュージョン」の世界はその中から発生するという感じで受け止めていました。

「落語の中でしかありえない設定を、受信者側である観客は受け止めていて、その果てに見える『あやかし』の世界こそ本当の落語だ」と言うのでしょうか。「金玉医者」のフワフワしたインチキ医者が、その象徴でありました。

さて、この「らくだ」、「酒が入ってからの久六の述懐」がすべてであります。

ここで観客の賛意が得られる形で展開するとうまくいくような手ごたえがあり、談志のこの部分に落語の深さと可能性を見て、私は限りないときめきを覚えたものでした。「主人公のリアルな言動が始終描かれないままストーリーが終わる」というのが、落語という話芸の奥行きでありましょうか。

さらに談志は、「雨の中のらくだ」という一コマを挿入していました。怖いとか迷惑だとかのマイナス描写だけのらくだに、「雨の中しょんぼりしていた」というワンシーンを入れたことにより、らくだの人物像に一気に深みが加わった感じがしたものです。

ここまで書いてきて、もしかしたら「らくだ」の裏テーマは「孤独」なのかもなと、ふと思いました。らくだとあだ名されたこの男も、みんなとどこかでつながっていたいなと、ふと思っていたのかもしれません。そんな大衆の陰に隠れた思いを暴き出したのが談志の「雨の中のらくだ」という演出ではなかったのでしょうか。

嫌われ者や乱暴者になった人間にも、そうならざるを得なかった過去があったとしたらと思うと、さらに「らくだ」という落語が面白くなるはずです。そう捉えたほうが、落語のポテンシャルな魅力を探せそうでもあります。

「もし、自分がらくだと同じ立場にいたら、俺もあんな奴になっていたのかもしれない」と思うと、やはり裏テーマから「人間は孤独にさせちゃダメになるよ」という人生訓を訴えた落語こそ、「らくだ」だったのではと思えてきます。

これに呼応する落語は何かと考えてゆくと、これまた談志の十八番の「権兵衛狸」が思い当たってきます。この落語は「いたずら狸」が権兵衛さんにちょっかいを出しに来るというだけのネタですが、「妻に先立たれ、娘は町に嫁いでいる一人暮らしの老人」という設定です。うがった見方ではありますが、「権兵衛さんはひとりじゃないよ」とこの狸がアピールに来るという「優しさ」があるからこそ、愛されているのではないでしょうか。

「らくだ」が「孤独に追い込まれたことで、周囲に迷惑をかけ続けた『らくだ』という男」の陰の部分からのアプローチだとすれば、「権兵衛狸」は「一人暮らしの老人を孤独にさせないという狸のいたずら」という陽の部分からのアプローチ。共通するテーマが孤独、しかも好対照な感じがしてくるから不思議であります。

昨今、ＳＮＳが浸透し、人の孤独は解消されたような世の中になっていますが、つくづく思うに基本人間は孤独な生き物です。大家族で生活しようが目の前の生活の処理はやはり自分ひとりでせねばなりません。

つまり――。

「人はそもそも孤独だからこそ、孤立させてはいけない」のです（わ、名言）。

「らくだ」にも半次というやさぐれた仲間がいましたが、博打というかカネが絡んだ時だけの人間関係だったので、やはりリアルな生活の場面では孤独だったのでしょうか。いや、とはいっても、自分では一銭も出していないとはいえ、らくだの葬儀を買って出る「優しい」奴でもあり、また最後は久六にいじめ返される「弱さ」も持ち合わせているので、そんなに嫌な奴ではないような気もします。

実際「らくだ」を得意ネタとしていた談志も基本的に家族思いの優しい人でした。その優しさは二人のお子さんにしっかり受け継がれています。ただ、前座の修業期間では「師匠は優しい」と思う気持ちは「甘え」にも直結する危険性がありましたので、常に「怖い存在」と受け止め続けてきたものです。

考えてみたら、落語には登場人物がいつも「ひとりぼっち」という場面はあんまり出てきません。一人で念仏を唱え続ける「小言念仏」という落語もありますが、あれとて途中孫が出てきたり、おかみさんにドジョウを買いに行かせたりしています。

やはり「大衆との共感」で成立してきたという落語の歴史があるからでしょう。

「人は孤独にさせるとロクなことにはならないよ」。つまりこの「らくだ」の馬さんは「リアルしくじり先生」だったのです。

身近に孤独な感じの人はいませんでしょうか？　まず、声をかけてみましょう。そこから始まります。そして、そんな方々を、ぜひ、私の落語会に誘ってみてください。

みんなが幸せになれますよ！

俺は、偉そうなこと言えた人間じゃねえけどもよ。
俺みたいになるなよ。

六兵衛と弥次郎

「大ウソ」「小ウソ」の二人から見えてくるもの

登場人物のキャラクターから見つめることで落語を再構築させて、その中から人生訓を浮かび上がらせる試みの本も、残すところあと一項目となりました。

ラストに、六兵衛と弥次郎を取り上げてみます。

ともにそれぞれ「蒟蒻問答《こんにゃくもんどう》」「弥次郎」という落語のみに登場します。

六兵衛が登場する「蒟蒻問答」のあらすじは、こんな感じです。

上州安中《じょうしゅうあんなか》で蒟蒻屋を営む六兵衛（元江戸在住のヤクザ者）のもとへ、子分の八五郎が転がり込みます。徒食《としょく》に明け暮れていましたが、無住寺という住職のいない寺の「住職」にありつき、飯炊きの権助と二人でのんべんだらりの毎日です。

ある日永平寺からの修行僧が問答を仕掛けにやってきます。とっさの判断で八五郎が「住職はいない」と答えると、修行僧は「明日から毎日やってくる」と言い残して

去っていきます。問答に答えられないとこの寺が修行僧のものになるとのことで、権助と二人、金目のものを売っ払ってずらかっちまおうと片付け始めたところに、六兵衛がやってきます。

話を聞いた六兵衛は「俺がこの寺の住職になって問答を仕掛けてきた修行僧を追い返す」と言います。翌朝、修行僧がやってきてインチキ住職の六兵衛に禅問答を仕掛けますが、何も答えないで一切無視します。

「これは荒行《あらぎょう》の無言の行であろう」と勝手に判断した修行僧は、両手で小さな輪を作り六兵衛の前へ差し出します。これを受けて六兵衛は頭上に大きな輪を両手で作ると修行僧は平伏。それではと修行僧が両手を広げて差し出すと、六兵衛は開いた片手を出し、また修行僧が平伏。今度は修行僧が三本指を突き立てると、六兵衛は目の下を指差し、修行僧はさらに平伏し、これは敵《かな》わないと去っていきます。

逃げようとする修行僧を権助が呼び止めて訳を聞くと、「住職の胸中はと問いかけると、『大海の如《ごと》し』。十方世界はと問いかけると『五戒《ごかい》で保つ』、三尊の弥陀《みだ》はと聞くと『眼の下を観よ』。彼我《ひが》の差を感じました。とても及びません」と去っていきました。

権助が六兵衛に勝ちを報告に行くと、六兵衛は怒っています。「あの野郎はうちの蒟蒻にケチ付けやがった。お前んちの蒟蒻はこんなにちいせえというから『こんなに大きい』と示した。次に一〇丁でいくらと聞いたから『五〇〇文』と答えた。三〇〇文に負けろというからふざけんなと、あかんべえしてやった」。

大ネタの一つである「蒟蒻問答」に対して、「弥次郎」の方は町内でウソつきと評判の弥次郎がご隠居さんの家でお茶を飲みながら、「北海道に行ってきたが、あまりの寒さに『おはよう』が凍って『おはよう玉』になってしまい、春になるとそれが融けてあちこちでおはよう、おはようとうるさい」などのウソをつくという他愛もないネタであります。

談志は「蒟蒻問答」は「仏教批判」と称賛しながらも、「形が決まりすぎていて、変えようがない」と言ってました。

この落語はラストのオチが秀逸《しゅういつ》で、「向こうから見たら、そう見えてしまうものだよ」という「他者の視線」が鮮やかに描かれたウェルメイドな作品であります。

さすがこの六兵衛さん、元ヤクザだけあって胆力と度胸があります。この落語の爽快感は、一言でいってしまえば「ジャイアントキリング」（番狂わせ）だと確信しています。

「どんなに相手が格上の専門性を有する人でも、怖気《おじけ》づいてしまうことはない。

『間』と『気合い』で対等になれるんだ」と訴えているようにしか思えないのです。

人は「劣勢を乗り越えて結果を出すこと」にいつの時代も憧れを抱いてきたのではないでしょうか。それは大前提として「世の中、結果が優れた者が勝つだけだ」というこどがあるからでしょう。

だからこそ、そういう厳然とした常識を覆してくれるヒーローを心の中のどこかで誰もが期待しているともいえるのです。「番狂わせ」は大衆が絶対的に望んでいます。近年では二〇一五年のラグビーワールドカップにおいて、圧倒的実力差をものともせずに南アフリカに勝った日本代表チームが記憶に新しいところです。下馬評を覆して勝利を収める華々しさに「いまに見ていろ、俺だって」とご自身を重ね合わせた人は多かったと推察します。

さて、はるかにレベルは違いますが、「ウソつきをまた呼びにやる日永《ひなが》かな」と、ご隠居さんの暇つぶしの相手に任命された弥次郎もなかなかの知恵者と思えてきませんでしょうか。「ウソつき」というキャラクターが認知され、愛され、知見のある年長者（実力者）に呼ばれて愛され、ご飯はもちろん、たまに小遣いをもらったりもしていたでしょう。あんまり使いたくはない言葉ではありますが、ミクロな意味では「勝ち組」ともいえましょう。

六兵衛と弥次郎はずばり一言でいうならば、「人生におけるＡＯ入試組の合格者」と定義できませんでしょうか？（ＡＯ入試＝高校の成績と小論文と面接などで選抜する入試制度。二〇二一年度からは「総合型選抜」の名称に）

「総合的な学問」だけではなく「一芸に秀でた」人物が手にした余禄が、片や「修行僧に対する大勝利」であり、片や「長屋の権力者からのお気に入りのポジション」とも定義できるはずです。

つまり、この二人からは、「あんまり物事は深く考えなくていいよ、面白いと思うことを貫き続けるだけだよ」という内なる声が聞こえてきませんでしょうか。

無論基礎トレーニングとして、学力などの一定の知識は必要でしょうが、いざ社会に出てしまったら、先発完投型の総合力ではなく「ワンポイントリリーフ型」の一点集中突破的スタイルに切り替えた方がいいよというメッセージが、彼らの言動から浮かび上がってきそうな感じがしています。

六兵衛さんは、江戸にいた時分にヤクザとして鳴らしていたことがきっと安中《あんなか》で蒟蒻屋を営むことに役立っていたでしょうし、その基本精神が「胆力と度胸」であったはずで、それを毎日積み重ねる地道な筋トレのような日々がさらにそのキャラクターを醸成し続けていったに違いありません。弥次郎も、毎日ご隠居さんに呼ばれ続ける中で、ウソつきの才覚を磨き続けていったのです（同じウソは飽きられてしまいますもんね。これはこれで、必死なはずです）。

やはり「継続は力」なのです。

かくいう私もジャイアントキリングはというと（いや、そんな大げさなものではありませんが）、談志からもらった「真打ち昇進のお墨付き」だったのかもしれません。談志は「モノになるかならないかだったら、お前はモノにならないほうだった」と私の真打ち昇進披露パーティで言うぐらい、私は鈍《どん》くさく、センスのない人間でありました。それが「虚仮《こけ》の一念」でなんとか談志に認めてもらおうと「雪駄タップ」など「談志を一瞬だけでも笑わせること」に特化した形のオリジナリティを突き詰める姿勢が評価されることになりました。

「自分の得意なことを蓄積し続ける」姿勢は、いまこうしてこの本を始め落語関係の本を出版する際にもとても役立っています。日々、FacebookなどのSNSで思いの丈《たけ》をつぶやき続けてきたことの結果が、本というコンテンツに昇華《しょうか》してゆく格好となっています。

そして、かような堆積物は、確実にこのコロナ禍で、私とその家族を限りなく救ってくれました。

落語や講演などの直接対面する仕事のキャンセルが相次ぎ、壊滅状態に陥った時、念願だった小説も、長い間の懸案事項だった「落語×資本論」の本も著すことができたのは、やはり日々の「コツコツ文章貯金」だったのです。

自分で言うのは非常に照れますが、「貧者の一灯《いっとう》」が万灯のごとく輝くような感じでしょうか。

実際こうしてこの本も、「気が付けば書き終えていたというスタイル」で作られて、いま皆様のお手元に届けられています。

「毎日続けること」の中身にレベルの高低はありません。どんなことでも続けることで高みに昇ってゆくもので、その内容ではなく行為自体が尊いものになってゆくものなのです。

筋トレはもちろん、フルマラソンでもいいでしょう、英会話でもいいでしょう。
六兵衛と弥次郎を見習って、かけがえのない人間を目指してゆきましょう。
さ、私も、また次の本を書く準備に入りますか。

最後は気合いだって、言うけどもよ。
最初から気合いだけだっつうの。

あとがき

――「にんげんっていいな」の思いのために

「落語を噺の本体からではなく、その登場人物からアプローチしてみるのは面白いかもですね」

編集者と飲んだ時、そんな話になりました。

落語家として、三〇年以上経過しています。談志の弟子として認められて以来、その落語の精度を高めようと日々稽古をしたり、その落語の設定に即したギャグを考えたり、あるいは時事ネタをマクラにしたりと、日々の積み重ねを仕事にして参りました。

つまり、基本的に落語家は噺の展開を大幅に変更することも含めて、「落語のストーリー」を中心に据えるのが基本でもありました。

だからこそ、そこに出てくる登場人物はあくまでも「サブ」的立ち位置で、無論架空ではありますが、彼らの人生に即して、彼らの目線で彼らの動きの中で落語を客観的に見据える作業は、とても有意義で楽しいひと時となりました。

この本に登場する人物は、ほとんど実在の人物ではありません。実在してはいませんが、実在する人物からヒントを得たような形で多少はリンクしてきたはずです。

そして彼らはズバリ言ってしまえば、いま風の言葉では「社会不適合者」でもあります（いまは「社不」とも言うそうですね）。

そんなどうしようもない不器用な人たちでも、落語というフィクションの世界で生き生きしていることにときめきを感じるからこそ、落語家も語り継ぎたくなるのですし、お客さんも聞き、そして聞き継いでゆきたくなるのでしょう。

かくいう私も、前座修業という初期段階突破に九年半もかかり、ドジの烙印を押されるような立派な「社会不適合者」であります。

実際家庭の中では、車の運転すらできず、ふざけた話しかしていませんので、カミさんや子供たちからもそう呼ばれ続けています。長男からは「パパとはマジメな話ができない」とまで言われる始末です（もちろん家族とは信頼関係が前提のそのような呼称や物言いでありますから、誤解なきよう）。

落語を聞きながら、時折登場してくる「規格外」のどうしようもない人たちに、笑わされ、泣かされ、考えさせられ、結果として「にんげんっていいなあ」と思ってもらえるために、落語も落語家も存在しているものなのかもしれません。

そしてそのための辛い訓練期間こそが前座修業なのでしょう。

談志は、よくサイン色紙に「笑われるまでにピエロはさんざ泣き」と記していました。喜んでくださるお客様の笑顔のために、私も含めた落語家たちがいるのです。どうぞ今後とも、落語を、そして落語家を愛してください。私たちも、落語を、そしてお客様をこよなく愛し続けて参ります。

最後までお読みいただき、ありがとうございました。

二〇二三年夏

落語立川流真打ち　立川談慶　拝

【著者紹介】

立川談慶（たてかわ・だんけい）

1965年、長野県上田市（旧丸子町）生まれ。
慶應義塾大学経済学部を卒業後、株式会社ワコールに入社。３年間のサラリーマン体験を経て、1991年に立川談志18番目の弟子として入門。前座名は「立川ワコール」。2000年に二つ目昇進を機に、師匠から「立川談慶」と命名される。2005年、真打ち昇進。慶應義塾大学卒の初めての真打ちとなる。著書に『いつも同じお題なのに、なぜ落語家の話は面白いのか』（大和書房）、『大事なことはすべて立川談志に教わった』（KKベストセラーズ）、『「めんどうくさい人」の接し方、かわし方 』（PHP文庫）、『武器としての落語 天才談志が教えてくれた人生の闘い方』（方丈社）などがある。

古典落語 面白キャラの味わい方

お江戸の面々にみる「自分らしく」生きるヒント

2023年11月15日　初版第１刷発行

著　者　立川談慶
発行者　松信健太郎
発行所　株式会社 有隣堂
本　社　〒231-8623 横浜市中区伊勢佐木町 1-4-1
出版部　〒244-8585 横浜市戸塚区品濃町 881-16
電話 045-825-5563　振替 00230-3-203
印刷所　株式会社堀内印刷所

ISBN978-4-89660-244-9　C0030